Heinz Strunk

Ein Sommer in Niendorf

Roman

Rowohlt

2. Auflage Juli 2022
Originalausgabe
Veröffentlicht im Rowohlt Verlag, Hamburg, Juli 2022

Satz aus der Bennet Text One
bei Pinkuin Satz und Datentechnik, Berlin
Druck und Bindung CPI books GmbH, Leck, Germany
ISBN 978-3-498-00292-3

Inhalt

Ein Sommer in Niendorf

Kabuff Der ganze lange und hoffentlich schöne Sommer liegt vor ihm. Ohne Arbeit, Verpflichtungen, Aufgaben; sage und schreibe keine einzige Eintragung im Terminkalender, das gab's seit zwanzig Jahren nicht mehr. Oder fünfundzwanzig, oder dreißig. Bevor Roth im Oktober seinen neuen Posten antritt, kann er tun und lassen, was er will. Auf eine Kreuzfahrt gehen, in die Berge fahren, einen Abenteuerurlaub machen, ein Apartment am Meer mieten. Er entscheidet sich für Letzteres.

Nach endlosen Recherchen fällt die Wahl schließlich auf «Ostsee-Apartments» in Niendorf, einem Ortsteil von Timmendorfer Strand. Als Kind ist er mal an der Lübecker Bucht gewesen, aber daran hat er keine Erinnerung mehr. Ganz bewusst hat er sich für dieses nicht sonderlich exklusive Seebad entschieden; hier wird ihn nun wirklich niemand kennen.

Anfang Juni, höchste Eisenbahn, die ins Auge gefasste Anlage ist praktisch ausgebucht, nur Wohnung Nr. 15 (26 m², 1,5 Zimmer, zweites OG, Meerblick) ist noch frei. Eigentlich zu klein, aber er hat keine Lust, *noch* länger zu suchen. Wer weiß, wenn er zögert, ist *alles* weg. Also macht er Nägel mit Köpfen.

Als er vor Ort aus dem Auto steigt, schlägt ihm sengende Hitze entgegen. Die Sonne steht wie ein Glutstück am Himmel und strahlt, als wolle sie weit und breit alles in Brand stecken. Im Verlaufe des Tages soll die Temperatur sogar noch steigen, für den späten Nachmittag sind 33 Grad prognostiziert.

Der Verwalter, ein Herr Breda, hatte ihm einen Lageplan gemailt, auf dem auch das Büro verzeichnet ist; auf einem unbebauten Grundstück gegenüber vom Apartmenthaus, etwa fünfzig Meter nach hinten versetzt, *findense schon*. Schlüsselübergabe täglich 11 bis 14 Uhr.

Büro ist geprahlt, denkt Roth, Bretterbude, Verschlag, Kabuff trifft es eher. WE ARE OPEN. Roth klopft. «Ja?» Als er das Kabäuschen betritt, lässt der Mann am Schreibtisch (Breda?) hastig etwas in einer Schublade verschwinden. Flachmann, Porno, Falschgeld? Die Luft ist zum Schneiden, Zigarettenrauch (Reval ohne Filter, Roth kennt den Geruch), Essensmief, menschliche Ausdünstungen und irgendetwas stechend Chemisches. Auf allen Oberflächen liegen Kleidungsstücke, zerfledderte Zeitschriften, Rubbellose, zerknüllte Papiertaschentücher, leere Flaschen. Bredas Schreibtisch ist von einer Ascheschicht bedeckt.

«Sie müssen der Herr Dr. Roth sein.»

«Ja. Aber bitte ohne Doktor, einfach nur Roth. Herr Breda, nehme ich an.»

Breda, Typ krummer, langer Lulatsch mit Plauze, strohiges Haar, pergamenthäutig, dünne Ärmchen und Beinchen, hat das Äußere eines chronischen Alkoholikers. Unter seinem engen T-Shirt zeichnen sich ein halbes Dutzend Speckrollen und zwei auf den Sauf-Spitzbauch herabhängende Titten ab.

Zur Begrüßung schraubt er sich aus seinem Chefsessel und kommt Roth mit unsicheren Tippelschritten entgegen. Irgendwas stimmt mit der Koordination nicht. Wenn der sich den Oberschenkelhals bricht, denkt Roth, ist es aus. Das Alter des Mannes? Schwer zu schätzen. Wahrscheinlich nicht viel älter als ich, denkt Roth. Roth ist 51.

«Ich führ Sie gleich in Ihre neue Behausung. Wenn Sie die Sachen eben ausfüllen würden.»

Während Roth den Papierkram erledigt, lässt Breda nervös den Blick schweifen. Er positioniert die Aschenbecher auf dem Schreibtisch (drei Stück) um, und als er auch dem Locher einen neuen Platz geben will, löst sich die Konfettiklappe, und gleich ist der Schreibtisch bedeckt mit kleinen, weißen Fitzelchen. Unzähligen kleinen, weißen Fitzelchen. Es wird Jahre brauchen, bis sich auch das letzte in Luft aufgelöst hat.

Sie gehen zum Apartmenthaus, Roth seinen *Rimowa Cabin Twist* schiebend, Breda Roths Reisetasche tragend und dabei das Gewicht komödiantisch übertreibend, immer wieder in den Knien einsackend, als würde er gleich zusammenbrechen.

«Was ist dadrin?», ächzt er grinsend. «Steine, haha?»

Dann informiert er Roth, dass er von den insgesamt sechsundzwanzig Apartments lediglich neun betreue, gehören würden sie ihm leider alle nicht, er sei lediglich für Vermietung und Instandhaltung zuständig.

Wohnung Nr. 15 sieht genauso aus wie auf den Bildern im Netz; die Ausstattung etwas in die Jahre gekommen, aber absolut sauber, auch in Küche und Bad keine Spur von Siff, Kalk, Drecksatollen, Haaren, Schmutzrändern, käsigen Gerinnseln. Die Aussicht ist einmalig, weniger als hundert Meter zur Ostsee, vom Strand ist das Apartmenthaus lediglich durch eine schmale Fußgängerpromenade getrennt, und nicht durch eine Autostraße wie an den anderen Strandabschnitten. Roth sieht sich schon stundenlang auf dem Balkon sitzen und den Blick zum Horizont genießen. Vormittags Balkon, tagsüber Strandkorb, abends wieder Balkon, man wird sehen, es wird sich einspielen. *Müßiggang*, muss er sich erst noch dran gewöhnen.

«Wenn was ist, die Nummer haben Sie ja. Oder Sie kommen direkt im Büro vorbei. Und jetzt wünsch ich schon mal einen schönen Aufenthalt.»

Breda beugt sich vor und neigt gleichzeitig den Kopf zur Seite, wie ein Vogel, der ein Wurmloch beäugt. Im Profil gleicht er einem Ausgusshahn. Und weg ist er. *Scheenen Ofenthalt*. Der ist nicht von hier, denkt Roth. Was ist das bloß für ein Dialekt? Er kommt nicht drauf.

Nach dem Auspacken Ortsbegehung. Viel zu erkunden gibt es in Niendorf (achttausend Einwohner) nicht: paar Hundert Meter nach links, paar Hundert Meter nach rechts, fertig ist die Laube. Das Meerwasserhallenbad markiert das östliche Ende, der Hafen das westliche. Attraktion weiter landeinwärts ist ein Vogelpark. Die Münze (Zahl) schickt ihn zum Hafen. Wahrscheinlich ist er der Einzige an der Lübecker Bucht, der im Maßanzug urlaubt. Lediglich seiner Krawatte hat er sich entledigt.

Auf der Promenade reiht sich Ladengeschäft an Shop an Lokalität: Fischereibetrieb Schupp den Fisch – Touristenzentrum – Brutzelhütte (auch zum Mitnehmen) – Strandcoiffeur Runge – Strandlädchen – Seaside Lounge (Crêpes, Croques und MEER) und so weiter, bis die Promenade nach etwa fünfhundert Metern am kleinen Hafen endet. Idyllisches Fleckchen, urig, romantisch, wie auf der Homepage beschrieben. Bei Klüvers Hafenräucherei bestellt er ein Lachsbrötchen. Ein Mitarbeiter in blauem Fischerhemd bringt zwei Kisten voll zappelndem, sich windendem Nachschub. Zum Glück haben Meeresgeschöpfe keine Stimmen, denkt Roth, sonst würden von diesen Kisten entsetzliche Schmerzensschreie ausgehen.

Klüver hat es drauf: Das Brötchen knackig, der Lachs taufrisch, der Meerrettich-Dip schön scharf, ein Zwiebelring rundet das Ganze ab; mehr braucht es wirklich nicht für ein vorzügliches Fischbrötchen. Roth setzt sich auf einen der überall herumstehenden uniformen Plastikstühle und beobachtet die Leute: in der Mehrheit Alte, Uralte und Superalte. Ein paar Familien und Paare im Erwerbsalter.

Feierwütige Partypeople Fehlanzeige, für die ist es hier entschieden zu öde und außerdem zu teuer. Ein Mann um die achtzig läuft trotz Unterschenkelprothese mit federndem Gang vorbei. Bravo, denkt Roth. Überall entspannte, fröhliche Gesichter, allerbeste Stimmung, Urlaubslaune eben; bis auf die Spaßbremse im noblen Zwirn. Ihn überkommt das Gefühl beschämender Andersartigkeit, eine diffuse Beklemmung wächst in ihm, er weiß nicht, warum. Nicht Bange machen lassen. Jetzt andere Richtung. Er nimmt den Weg über die Strandstraße. Alle Ferienorte an der Küstenlinie haben eine Strandstraße. Einen Möwenweg. Einen Taubenstieg. Hafenstraße. Gartenweg. Uferweg. Und so weiter.

Er spürt die Hitze des Bürgersteigs durch die Schuhsohlen, schon nach wenigen Schritten prickelt der Schweiß wie Nadeln auf der Stirn. Wo könnte er denn heute zu Abend essen? Zur Auswahl stehen Da Antonio (Italiener), Akropolis (Grieche), Hafenblick, Schipper-Stuv, Scholle (Fisch) oder das Istanbul Döner Haus (Neueröffnung). Noch nie in seinem Leben hat Roth Döner gegessen. Ein Schützenfest oder einen Freizeitpark besucht. Seit ungefähr zwanzig Jahren hat er keine öffentlichen Verkehrsmittel mehr benutzt, Sonderangebote interessieren ihn ebenso wenig wie Frühbucherrabatte. Vielleicht, denkt er, zählt zum Abenteuer Niendorf auch das Abenteuer Döner.

Landeinwärts gehen kleinere Straßen ab. Brookredder, Dr.-Karl-Krause-Straße, Meinsweg. Wohngebiete. Rechter Hand der *Fahrradverleih Niendorf Ostsee*. Es wäre ratsam, gleich eins für die gesamte Zeit zu mieten. Bald beginnen in Nordrhein-Westfalen, Bayern und noch ein paar anderen Bundesländern die großen Ferien, dann sind alle weg. Er entscheidet sich dagegen. Fahrräder sind genauso wenig etwas für ihn wie Fast Food, Lotto-Toto oder Schnäppchenjagd.

Arzt, Kur-Apotheke, Bank, Pushba-Fashion, Stadtbäckerei Junge. Endlich, das Meerwasserschwimmbad. In der Luft liegt ein schwacher Geruch von Chlor auf Kinderhaut. Wer geht bei den Temperaturen denn in eine Schwimmhalle? Über das Brodtener Steilufer könnte er jetzt weiterlaufen bis ins sechs Kilometer entfernte Travemünde. Ein anderes Mal. Ist diese Seite nun der Ortseingang? Oder ist der Hafen der Ortseingang? Beides möglich. Und ist dies der Orts*kern*? Beides möglich: zwei Eingänge, zwei Kerne. Niendorf ist ein unstrukturierter Ort ohne jegliche Vibes, keinerlei sexuelle Spannung existiert.

Auch Rühmlings Ostseeräucherei bietet frisch belegte Fischbrötchen an. Coffee to go in der einen Hand und Krabbenbrötchen in der anderen setzt er sich auf eine Bank mit Blick auf die zweihundert Meter in die Ostsee ragende Seebrücke. Das Brötchen ist genauso frisch wie bei Klüver, die Cocktailsauce (hausgemacht) delikat, statt Zwiebelring ein knackiges Eisbergsalatblatt. Heerscharen behelmter Fahrradsenioren ziehen an ihm vorbei. Bei den Alten, denkt Roth, wirken Schutzmaßnahmen besonders affig. Was gibt es denn da noch groß zu schützen? Auch hier vermitteln die Senioren den Eindruck enormer Rüstigkeit und unerschöpflicher Energie. Treten kraftvoll in die Pedale, genießen ihren Ruhestand, den endlosen

Lebensabend. Ein Kind hebt, unbeobachtet von seinen Eltern, einen halb aufgegessenen Schokoladenriegel vom Boden auf und steckt ihn sich in den Mund. Na, na, na, denkt Roth und zwinkert dem Jungen zu.

Hier wird er nun den Sommer verbringen. Ein ganzes Vierteljahr. Drei Monate. Quartal. Jahreszeit. Was sind schon drei Monate? Nichts. Ein Wispern, das Rascheln von Papier im Wind. Sein Kopf fühlt sich mehlig an, und sein Blick schweift über die spiegelglatte Ostsee bis zum dunstigen Horizont.

Likördepot Abmarsch, zurück in die eigenen vier Wände. Auf dem Rückweg läuft er an einer Gedenktafel vorbei.

> *Im Hotel Kasch in Niendorf, damals ein Ferienheim des NWDR, traf sich im Mai 1952 auf Einladung des ehemaligen NWDR-Intendanten Ernst Schnabel die legendäre Gruppe 47. Beteiligt waren u. a. Ilse Aichinger, Ingeborg Bachmann, Heinrich Böll, Paul Celan, Günter Eich, Walter Jens, Karl Krolow, Siegfried Lenz und Hans Werner Richter. Diese Tafel will daran erinnern.*

Gruppe 47, denkt Roth, aha. Ein Literatentreffen in Niendorf ist schwer vorstellbar. Na ja, 1952, lange her, vielleicht wehte damals ein anderer Wind. *Könnte man mal im Netz recherchieren.* Er wechselt von der Strandpromenade zur

Strandstraße, wo er ein Ladengeschäft entdeckt, das er auf dem Hinweg übersehen haben muss: LIKÖRDEPOT. *Feine Weine und Spirituosen.* Inhaber M. Breda.

Das gibt's doch nicht! Verstohlen linst er durch die Scheibe, und tatsächlich hält hinter dem Verkaufstresen Breda die Stellung. Kunden sind keine zu sehen. Da hat einer sein Hobby zum Beruf gemacht, denkt Roth und will weitergehen, doch zu spät, Breda hat ihn entdeckt und winkt ihn energisch herein.

«Na, schon eingelebt? Wie wär's mit 'ner kleinen Stärkung?»

Breda zwinkert ihm konspirativ zu. Alkoholiker, denkt Roth, freuen sich immer diebisch, ihr Schicksal mit anderen (vermeintlichen) Alkoholikern zu teilen. Bredas Augen sind noch glasiger als vorhin; hat wohl schon einiges an Weinen, Likören und Spirituosen verkostet. Der Laden ist dunkel und trotz der Hitze draußen seltsam klamm. Schimmelig. Renovierungsbedürftig. Schlechte Schwingungen, Alkoholschwingungen, machen platt, ziehen runter. Ob das Likördepot so etwas wie eine *Stammkundschaft* hat? *Laufkundschaft*? Sind Kunden überhaupt erwünscht? Oder betreibt Breda den Laden nur zum Eigenbedarf? Aber wo er mal hier ist, kann er sich auch gleich für die kommenden Tage eindecken: zwei Flaschen *Roten*, zwei Flaschen *Weißen* und «eine Flasche Rum bitte, aber einen wirklich guten». Wie kommt er denn auf Rum? Wegen Meer, Küste, Seefahrt wahrscheinlich. Und 'ne Buddel voll Rum.

Breda blüht sichtlich auf, sein Typ ist gefragt, jetzt kann er mit seinem ertrunkenen Know-how punkten. Ein

Schwall Säuferlatein ergießt sich über Roth. Ein Alkoholiker ist jemand, der Ahnung von Alkohol hat, ein Morphinist hat Ahnung von Morphium usw. «Haben Sie zufällig Havana Club?», fragt Roth, um Bredas Redefluss zu stoppen. Breda schlägt die Hände an den Kopf. Gott bewahre, Havana Club sei ein Industrieprodukt, eine gepanschte, untrinkbare Plörre.

«Wenn ich Ihnen einen Rat geben darf, Finger weg! Aber hier, *Ron Zacapa 23 Solera Gran Reserva*, schlappe fünfzig Euro. Und nicht nur das Preis-Leistungs-Verhältnis ist unschlagbar, sondern auch der Geschmack. Himmlisch.» Breda rollt wie zum Beweis mit den Augen. «Wie wär's mit einem Probierschlückchen? Geht aufs Haus.»

Roth winkt ab. Schnaps am Nachmittag, der Mann muss wahnsinnig sein, aber Breda setzt nach: «Ich hab auch Cola. Und Eis. Na komm.» Er wirft ihm einen geradezu flehentlichen Blick zu. Cola Rum, denkt Roth, das ist doch eher was für Jugendliche und Heranwachsende. Hat er zum letzten Mal mit zwanzig getrunken. *Was soll's, kleine Reminiszenz, heute ist der erste Tag, da darf ich mir ausnahmsweise mal ein Schlückchen gönnen.* Der ganze Sommer liegt vor ihm, so langsam kann er in den Genussmodus schalten: das Meer, das Wetter, Köstlichkeiten, Sinnenfreuden aller Art, das Leben an sich. Also gut, einverstanden.

Breda, freudig-erleichtert, eilt in den rückwärtigen Teil, wo ein laut brummender, sichtbar altersschwacher Klotz von einem Kühlschrank steht. Das muss jetzt zack, zack gehen, damit der wankelmütige Kunde es sich nicht doch noch anders überlegt.

«Und, wie ist?»

«Ganz schön stark.»

Breda grinst. Ja, ja, ja!

«Aber wirklich gut.»

«Genau das Richtige bei der Hitze, was?»

Eigentlich genau das Falsche bei der Hitze. Na ja.

«Also dann, prost. Auf einen schönen Sommer.»

«Ja, richtig.»

«Sei, wie du bist, aber sprich nicht drüber», sagt Breda und zwinkert. Aha?

Bredas Glas ist bereits leer. Wann der wohl seinen ersten Schluck nimmt? Morgens nach dem Aufstehen? Im Kabuff? Beim Mittagessen? Viel Arbeit dürfte die Vermietung von neun Wohnungen nicht machen, und die vielen, langen Stunden, gerade in der Nebensaison, wollen ausgefüllt sein. Breda schenkt nach und schenkt nach und schenkt noch mal nach und redet sich in Rage: Er sei ja auch nicht von hier; ursprünglich komme er aus Recklinghausen und sei gelernter Fernmeldetechniker. Vor zwölf Jahren habe er seinen Urlaub in Niendorf verbracht, zufällig war da die Stelle in der Vermietung vakant. *Der Rest ist Geschichte.* Wörtlich. Bald hat Roth schwere Schlagseite, während der vermeintlich halb tote Breda zu Höchstform aufläuft. Wie macht der das nur?

«Ich muss gleich noch was arbeiten», sagt Breda mit einem Mal, als habe Roth *ihn* aufgehalten. «Wir sehen uns dann morgen.» Er verpackt sorgsam die Flaschen und bringt Roth zur Tür.

Die Alten räumen gegen fünf ihre Strandkörbe, machen sich frisch, nehmen in einem der umliegenden Restaurants ihr Abendessen ein und fallen danach direkt ins Bett. Dabei ist es doch jetzt, zur blauen Stunde, wenn die Sonne nicht mehr brennt, die Hitze nachgelassen hat, am schönsten, denkt Roth, der so langsam wieder klarer denken kann. Er setzt sich in einen verwaisten Strandkorb und schlummert ein.

Noch im Halbschlaf nimmt er eine sich langsam nähernde, krächzend-heisere Stimme wahr: «HABEN SIE DEN KORB VON HERRN HOOG (sprich HÖÖG) GEMIETET?»

«Nein. Wieso?»

«Dann muss ich Sie bitten, den Korb zu räumen.»

Aha, der Korb wurde nicht ordnungsgemäß gemietet, sondern unrechtmäßig *besetzt*. Roth erkennt jetzt, wem die Stimme gehört. Breda setzt seinen Rundgang fort: «HABEN SIE DEN KORB VON HERRN HOOG GEMIETET?»

Hat überhaupt jemals jemand seinen Korb bei Herrn Hoog gemietet?

«HABEN SIE DEN KORB ... Ach, guten Abend, Herr Dr. Roth, was machen Sie denn hier?»

«Ich wollte mich nur kurz ausruhen und muss wohl eingenickt sein.»

Breda ist die Enttäuschung ins Gesicht geschrieben. Liebend gern hätte er Roth wie alle anderen Korb-Erschleicher nach allen Regeln der Kunst zusammengefaltet und -geschissen.

«Ach so. Kein Problem. Wenn Sie den Korb nachher verlassen, dann drehen Sie ihn doch bitte.»

Bredas Drittjob ist es also, allabendlich die Strandordnung wiederherzustellen und die Körbe Richtung Morgensonne zu drehen. Apartmentvermieter, Spirituosenhändler, *Strandkorbdreher*, oder wie nennt sich diese Tätigkeit? Ein guter Beruf wäre das gewesen, bei *Robert Lembkes heiterem Beruferaten*. Multijobber gab es damals noch nicht. Höchstschwierigkeit bei einer Neuauflage von WAS BIN ICH?: Welche drei Berufe übt die Kandidatin oder der Kandidat aus? (Versicherungsmathematiker, Beikoch, Herrgottschnitzer.) Wer weiß, ob Breda sogar noch einem Viert- oder Fünftjob nachgeht; Müll sammeln, Krabben pulen, Teller spülen. Im Abschnitt des Hoog'schen Strandkorbverleihs stehen sicher einhundert Körbe, die sieben Tage die Woche gewendet werden wollen. Der Mann muss über erstaunliche Kräfte und eine noch erstaunlichere Kondition verfügen.

«HABEN SIE DEN KORB ...»

Langsam entfernt sich Bredas Schlachtruf. Die Sonne sinkt in Tönen von geronnenem Rot und geht allmählich in eine weiche verhauchende Mattigkeit über, der Strand saugt sich im Dämmer mit Licht voll. Schön ist das. Roth nickt wieder ein.

Als er aufwacht, ist die Röte des Himmels auf einen schmalen Streifen über dem Horizont reduziert. Das Dunkel ringsherum wird dichter, und der Himmel vergrößert sich, als würde er mit der ausgebrannten Schlacke angefüllt, aus der das Universum gemacht ist. Roth steht auf, bringt den Korb wie geheißen in Position und trottet in sein Apartment. Statt sich die Zähne zu putzen, trinkt er noch ein eiskaltes Bier, gegen den Durst. Hunger verspürt er keinen.

Sabberquartal Er schläft durch, ohne ein einziges Mal aufzuwachen. Inklusive des Strandnickerchens hat er es auf zwölf Stunden gebracht, rechnet er am Morgen aus, das war wohl mal wieder nötig. In der Stadtbäckerei Junge besorgt er sich sein Frühstück, Coffee to go, ein halbes Honig- und ein halbes Käsebrötchen, Joghurt mit frischen Erdbeeren. Herrlich, so lässt's sich leben.

Was war da gestern eigentlich los mit dem Cola-Rum-Gesaufe? Abartig. Was für ein komischer Vogel, dieser Breda. Irgendwie auch unheimlich, wie der da in seinem Laden stand, sah er ganz anders aus als im Kabuff, wie so eine vertrocknete alte Oma. Besser, man geht dem aus dem Weg, der Typ zieht runter. Der umkreist schon zu lange den Planeten Alkohol, und wenn man nicht aufpasst, landet man auf seiner Umlaufbahn.

Punkt zehn setzt Roth sich an den Tisch, um mit den *Vorarbeiten* zu beginnen. Zunächst einmal gilt es, sechsundsechzig Stunden Rohmaterial zu sichten bzw. durchzuhören. Seine Familiengeschichte, die nirgends vernünftig dokumentierte Geschichte der Familie Roth, die, wenn sich nicht endlich jemand darum kümmert, bald schon im Orkus des Vergessens entschwunden sein wird. Mehrere Jahre hat er Material zusammengetragen, seine Mutter, Onkel Karl (den Bruder seines Vaters) und alle Zeitzeugen, deren er habhaft werden konnte, während langer Sitzungen befragt. Jetzt weiß er alles über den kometenhaften Aufstieg des Unternehmens in den Zwanzigerjahren, die Geschwindigkeit, mit der sich das Haus nach 1933 mit dem Regime arrangierte, die ungeheuren Kriegsprofite, das Vertuschen und den phönixhaften Wiederaufstieg nach dem Krieg, Schmiergeldskandal in den Siebzigern, der finale Bankrott 1996. Zentraler Baustein sind die Gespräche mit seinem Vater, den er, bereits schwer krank, dazu hatte überreden können, auszupacken, und dem er am Krankenbett dann geradezu eine Generalbeichte abgenommen hat. Dokumentiert mit einer Revox B 77, aus irgendwelchen altersstarrsinnigen Gründen hatte sein Vater auf *Tonbandaufzeichnungen* bestanden. Roth denkt an die großen Skandale der Nachkriegszeit, Flick-Spendenaffäre, Neue Heimat, SPIEGEL, Contergan, Hitler-Tagebücher. Das könnte was Großes werden. Abenteuer Niendorf, Expedition Bestseller.

Vater, Mutter, Onkel Karl und die meisten anderen Zeitzeugen sind inzwischen verstorben, jetzt müssen keine

Rücksichten mehr genommen werden, jetzt kann man was daraus machen: Buch, Hörbuch, E-Book, Podcast, vielleicht findet sich sogar jemand, der den Stoff verfilmt. Netflix oder Amazon Prime oder RTL+ oder Disney+; ein Mehrteiler im Öffentlich-Rechtlichen zur besten Sendezeit. So was. Und das ganze Drumherum, Interviewanfragen, Talkshows, Kritikerdebatte. Ein Starautor auf ausverkaufter Lesereise, an dessen Lippen allabendlich Hunderte (Tausende) von Menschen hängen. Kann seinem Leben eine Wende geben. *Muss aber nicht.* Wenn es nichts wird, macht er weiter wie bisher, und das ist ja nun wirklich nicht schlecht.

In drei Monaten soll eine erste Fassung stehen. Hat er mal so ausgerechnet: eine Stunde gleich eine halbe Seite mal 5 (Tagespensum) mal 90 (Tage) gleich 225 Seiten. Es ist sein erstes Buch, er kennt sich mit ersten und zweiten und dritten Fassungen nicht aus, er hat es ohnehin nicht so mit Zahlen, aber was ihm *möglicherweise* an Talent (vielleicht steckt in ihm auch ein geborener Schriftsteller, dessen Genie mühelos und stetig in die Zeilen sickert) abgeht, wird er, der mustergültig Disziplinierte, durch Ausdauer, Fleiß und Beharrlichkeit wettmachen. Fünf Stunden *netto* täglich. Der große Thomas Mann, hat er recherchiert, brachte es lediglich auf vier Stunden, jeweils neun bis dreizehn Uhr; die Nachmittage blieben privater Korrespondenz vorbehalten. Der Trottel. Lebenszeitvergeudung, Verschwendung von Ressourcen. Allein der Briefwechsel zwischen Thomas Mann und Hermann Hesse umfasst 500 Schreiben. Hesse hat insgesamt etwa 35 000 Briefe geschrieben, Alexander von Humboldt gar 50 000 verfasst und 100 000 empfangen.

Das Leben eine Mühle, mit der ohne Unterlass Briefe gemahlen und beantwortet werden. Aus diesem Grund hatte Hemingway, quasi in Notwehr, vorgedruckte Karten versandt, «Habe keine Zeit, Briefe zu beantworten», oder so ähnlich. Roths letzter *Handgeschriebener* dürfte etwa 25 Jahre zurückliegen.

Los geht's also mit dem ersten von insgesamt vierundvierzig Tonbändern (Laufzeit 90 Minuten / Normalband). Zermürbende eineinhalb Stunden lässt er die näselnde, kraftlose Stimme seines Vaters über sich ergehen. Viel langweiliger, als er es in Erinnerung hatte, anekdotengesättigt (die meisten ziemlich peinlich), weder Interviewer noch Befragter scheinen eine Vorstellung davon zu haben, was wichtig ist und was belanglos. An den Haaren auf seinem Bauch ziehend denkt er nach. Ihn beschleicht ein Gefühl von Ratlosigkeit und Gereiztheit. Gereiztheit ist der Zustand, der ihm von allen Zuständen am besten vertraut ist. Er steht dauernd unter Strom, immer knapp vor der Überlastung, selbst wenn er schläft; er kann es nur schwer ertragen, Zeit zu verlieren, zu verplempern.

Band zwei von vierundvierzig. Der Alte springt wie verrückt durch die Zeiten, verliert den Faden, kommt vom Hundertsten ins Tausendste, weiß bei der Hälfte des Satzes schon nicht mehr, worauf er eigentlich hinauswollte. Da kommt doch kein Mensch mit! Und dann dieses Genuschel! Sprich doch deutlich, Mensch, das Gesprötzel und Gesabber macht einen ja wahnsinnig! Stundenlanges Aktenstudium macht Roth überhaupt nichts, aber dieses Lauschen verlangt ihm alles ab, das hat er ganz offenbar unterschätzt. Er räumt den Tisch auf, sortiert Stifte, entwirrt Kabel, wischt die Maschine ab. Greisenhafte Geschäftigkeit. Mittagspause, beschließt er. Neunzig Minuten, keine Minute länger.

Wieder schlendert er, diesmal in sommerlich-luftigem Freizeitdress, zum Hafen und bestellt bei Klüvers Garnelenspieße vom Grill. Das fröhliche Motto der Hafenräucherei (seit 1973) «EIN KLÜVER GEHT IMMER». Tja, denkt Roth, wenn das mal stimmt. Um ihn herum nichts als alte Leute. Man sieht den alten Leuten an, dass sie, wie alle alten Leute, in erster Linie ans Mittagessen denken. Ein unterschwelliges Gefühl der Ausweglosigkeit zieht in ihm auf. Gar nicht schön, so allein unter Fremden, in einer feindlichen Umgebung. *Reiß dich zusammen, du hast doch noch nicht mal richtig angefangen.* Pause vorbei, ab, retour an den Schreibtisch. Er hat jetzt schon das Gefühl, als rinne ihm die Zeit durch die Finger. Ganz kurz noch entspannen! Er setzt sich auf den Balkon, schaut aufs Meer. Sein Gehirn gleicht einem leeren Kessel. Warum macht er sich eigentlich einen solchen Druck? Work safely – die old. *Für heute lass ich's gut sein!* Immerhin, drei Stunden Material hat er gesichtet. Jetzt sacken lassen, eine Nacht drüber schlafen, und morgen früh springt der Motor dann ganz von alleine an. Hoffentlich. Zwei Tage hat er verloren (auch Anreisetage sind Arbeitstage!), zwei von neunzig, klingt erst mal nicht viel, ist es aber. Morgen! Irgendwie misstraut er seinem Vorrat an Entschlossenheit. Ihm fällt die Gedenktafel wieder ein.

Gruppe 47, benannt von Hans Werner Richter nach dem

Jahr ihrer Gründung 1947, 1990 aufgelöst. Haben die ja ordentlich lange durchgehalten, denkt Roth. Die siebzig in Niendorf teilnehmenden Schriftstellerinnen und Schriftsteller zählten zum Who's who des Nachkriegs-Literaturbetriebs. Ihm sagen nur die Namen Heinrich Böll, Ingeborg Bachmann und Uwe Johnson etwas, gelesen hat er im Deutschunterricht Bölls *Ansichten eines Clowns,* woran er keinerlei Erinnerung mehr hat. Böll wurde 1972 der Nobelpreis verliehen, immerhin. Die zehnte Tagung fand vom 23. bis zum 25. Mai 1952 in Niendorf statt. Haben sich gegenseitig aus ihren Texten vorgelesen, über die dann lebhaft diskutiert wurde.

Ob die die Abende auf der Seebrücke haben ausklingen lassen? Klüver gibt's seit 1973, ihre Fischbrötchen mussten die Teilnehmer also woanders verspeisen. In Rühmlings Ostseeräucherei? Wohl kaum. Im Netz finden sich zu diesem Aspekt keine Informationen. Egal, untergegangene Welten, untergegangene Zeit, untergegangene Werke. Niendorf durchdrungen vom Geist der Literatur, muss man sich mal vorstellen. Poesie und Krabbencocktail, Dichtung und Labskaus, Novelle und Aalsuppe. Die nehmen mich richtig in die Mangel, denkt Roth, nebenan in Lübeck Thomas Mann und die *47er* hier.

DING DANG DONG.

«Hallo? Wer ist da?»

«Der Herr Breda.»

Der Herr Breda drückt ihm einen Bademantel in die Hand.

«Hier. Hatte ich ganz vergessen.»

«Ach so, ja. Danke.»

Breda schaut ihn erwartungsvoll an.

«Na, wie isses?»

«Och, so weit, so gut», fällt ihm ein.

Erfrischend, mit jemandem auf niedrigem Niveau zu verkehren.

«Darf ich mal was fragen?»

«Nur zu.»

«Was macht einer wie Sie eigentlich hier?»

Bredas pralle Herrentitten zeichnen sich unter dem T-Shirt ab. Schrecklich sieht das aus.

«Ein Buch schreiben.»

«Einen Roman?»

«So was Ähnliches.»

«Aha. Einen Krimi?»

«Na ja, nicht ganz, so was in der Art, sagen wir mal.»

«Verstehe. Ein Thriller, der hier bei uns an der Ostsee spielt. Und Sie gucken praktisch vor Ort nach.»

Ostseekrimi, Nordseekrimi, Heimatkrimi. Darunter kann Breda sich was vorstellen. Bei seinem geheimnisvollen Gast handelt es sich also um einen Provinzkrimischreiber.

«Genau, Recherche.»

«Wenn ich Ihnen wo helfen kann, ich kenn mich prima aus in der Gegend.»

«Gut.»

«Hier ist im Laufe der Jahre auch schon so einiges passiert, kann ich Ihnen sagen.» Breda setzt eine Miene auf, die etwas ausdrücken soll.

«Sehr freundlich. Zunächst mal muss ich mir einen Überblick verschaffen. Aber wenn ich Fragen habe, komme ich gern auf Sie zurück.»

Bloß nicht. Loswerden den Mann, am besten keinerlei Kontakt mehr bis zur Schlüsselabgabe am einunddreißigsten August.

Am Abend geht's ins Da Antonio. Insalata Bufala, Bruschetta tradizionale, Strascinati, eine Flasche Barolo. Etwas Teureres gibt die Karte nicht her. Die Strascinati kleben ihm im Mund wie nasse Konfetti. Wie erwartet unterdurchschnittlich, alles.

Band drei von vierundvierzig hat er bereits zum zweiten Mal abgehört, ohne dass ihm auch nur das kleinste Fitzelchen einer Idee gekommen wäre, was er damit anfangen soll. Jetzt bloß nicht hängen bleiben. Nicht nachlassen, weitermachen, irgendwann läuft es von selbst, kennt er. *Ein häufig benutztes neuronales Netzwerk ist infolge von Ionenanhäufung immer leichter zu aktivieren.* Anders gesagt: Gleich fällt der Groschen, gleich macht es klick.

An den Abenden testet er immer je ein anderes Restaurant; Akropolis (ganz schlimm), Schipper-Stuv (fettig), Seaside Lounge (schreckliche Klientel), Stube 12 (Schlangenfraß, dummes Personal), Long Chang (mehr künstliche Aromen geht nicht), Feuerstein (indiskutabel). Leider ist er ein miserabler Koch, und mit den zwei Mini-Herdplatten käme er sowieso nicht weit.

Als er vom Einkaufen (Edeka Jens) kommt, läuft er Breda über den Weg. Schon wieder. Zufall? Bisschen viele Zufälle. («Wie wahrscheinlich ist es, dass Sie in einem Ort mit 8000 Einwohnern und 30 000 Gästen einer ganz bestimmten Person mindestens einmal täglich begegnen?»)

Breda ist wie immer in Plauderstimmung.

«Haben Sie schon mal was vom ‹SEA LIFE Timmendorfer Strand› gehört?»

«Nein.»

«Super da, Unterwasserwelt, Aquarien, so was haben Sie noch nicht gesehen.»

«Ja.»

«Und waren Sie schon mal in Travemünde, über das Brodtener Ufer?»

«Nein.»

«Toller Spaziergang. Muss man gemacht haben.»

«Ja.»

Solche Typen muss man auf Granit beißen lassen.

Band elf von vierundvierzig, am fünfzehnten von neunzig Tagen. Sport würde helfen, die Blockaden zu lösen: in den Morgenstunden eine Runde laufen, Seilspringen (er hat extra eins mitgenommen), Burpees, Mountain Climbers, Eigengewichtsübungen. Stress abbauen, Glückshormone ausschütten, Alkohol ausschwitzen: Sport ist die beste, wenn nicht die einzige Methode, die Verzweiflung auf Distanz zu halten.

Vielleicht würde ihn eine radikale berufliche Veränderung glücklicher machen: Bergbau, Straßenbau, Eisenbahnbau, *Rückbau*. Spezialgebiet Bunkerabriss: von morgens früh bis abends spät Weltkriegsbunker abreißen, einem nach dem anderen mit Drucklufthammer, Spitzmeißel und Pfahlramme zu Leibe rücken und dem Erdboden gleichmachen. Röhrenbunker, Tiefbunker, Hochbunker, Rundbunker, U-Boot-Bunker, ein ehrlicher Kampf, Mann gegen Bunker. Wie befriedigend es sein muss, erschöpft vom harten Tagewerk in einen erholsamen Schlaf zu fallen und von den Bunkerwänden zu träumen, die man mit eigener Hände Arbeit abgerissen hat. Jaja. Nicht grübeln, sich auf gar keinen Fall dem Grübeln ergeben. Für den Rückbau ist es ohnehin zu spät.

Abends lässt er sich bei Da Antonio (dem vergleichsweise kleinsten Übel) was einpacken und isst daheim auf dem Balkon. Dazu trinkt er eine Flasche Wein und, kurz vor dem Zu-Bett-Gehen, noch einen Absacker (4 cl). Morgens ist er immer mehr oder weniger verkatert. Schwimmen war er noch kein einziges Mal. Er hat nicht im Strandkorb gefaulenzt. Nicht den Vogelpark besucht. Nicht den Timmendorfer Strand erkundet. Oder sonst was. Es ist wie immer: jeder Tag, jede Stunde in unerbittlicher Strenge und genauester Planung vorgezeichnet. Anscheinend braucht er Druck, Qual und Hetze, es ist, als könne er mit Freude, Leichtigkeit, Laisser-faire und gutem Wetter nichts anfangen. Nach dem zweiten Staatsexamen hat er direkt in der Großkanzlei angefangen, seitdem heißt es *Vollgas*. Die Arbeit hat seine Existenz derart ausgefüllt, dass er an ganze Monate, ganze Jahre keine konkrete Erinnerung hat. Er hat auch deshalb so viel gearbeitet, weil er sich sonst gelangweilt hätte. DESHALB IST DIE ARBEIT KEINE LEISTUNG, DENN ALLES, WAS EINEM ZUFÄLLT, IST KEI-

NE LEISTUNG. Nichts ist dem Menschen unerträglicher als Untätigkeit, als ohne Leidenschaften, Geschäfte, Aufgaben zu sein. Seine Meinung.

DING DANG DONG.

«Alles in Ordnung?»

«Ja.»

«Wenn Sie irgendwas brauchen, sagen Sie Bescheid.»

«Klar.»

«Wie ist es mit Handtüchern und Bettzeug?»

«Hat noch Zeit.»

«Ich hab einen tollen Chablis reinbekommen. Könnt ich Ihnen 'ne Flasche vorbeibringen.»

«Im Moment nicht.»

Er hat seinen Wein heimlich bei Edeka Jens eingekauft.

«Haben Sie noch was von dem Rum?»

«Bestimmt ein Drittel.»

Breda, enttäuscht: «Na gut, dann bis morgen.»

Wieso denn bis morgen?

Der blaue Himmel ist mit hohen, weißen Wolken gefleckt. In Roths Augen brennt der Schweiß. Immer wieder muss er sich bewusst machen, dass dies nicht *ausschließlich* ein Arbeitsurlaub, sondern *auch* ein Erholungsurlaub ist. Sein hart verdientes Sabbat*quartal*. Sabberquartal, fällt ihm ein, drei Monate nur sabbern. Hat das Zwei-Monats-Intervall eigentlich einen Namen? Dual? Sextal? Zur blauen Stunde mixt er sich alternierend einen schönen Campari O (mit frisch gepresstem Saft von Edeka Jens) oder einen schönen Aperol Spritz. Richtig tolle Sommergetränke sind das, mit ganz viel Sonne drin. Es ist jeden Abend das Gleiche: Sobald der Alkohol durch seinen Körper strömt, verliert alles schlagartig seinen Schrecken. Zum Essen eine schöne Flasche Wein und seit Neuestem einen doppelten, gelegentlich sogar einen dreifachen Absacker (8 / 12 cl). Vielleicht sollte er mal einen alkoholfreien Tag einlegen. Oder zwei. Ja, vielleicht. Tropfen um Tropfen verrinnt die Zeit, tropft sie heraus aus dem Kalender.

«Brauchen Sie frische Handtücher?» – «Haben Sie das schon gehört, dies schon gesehen, jenes schon erlebt?» – «Ich hab wieder ganz was Feines reinbekommen.»

Der passt ihn ab, lauert ihm auf, will ihn kontrollieren. Bredas Schatten verdunkelt ganz Niendorf. Roth geht jetzt immer einkaufen, wenn er den Typen auf Strandkorbpatrouille wähnt. Und dann schickt Breda ihm auch noch furchtbar ungelenke *Gutenacht*-SMS: «Wünsche, gut zu ruhen!» «Hoffe, Sie haben sich bestens eingelebt.» «Morgen soll's auch wieder schön heiß werden.» «Mittwoch kommt ein ganz feiner Brandy rein.» Dazu irgendwelche dämlichen Emojis. *Sind wir jetzt ein Liebespaar, das sich Träum-süß-Grüße schickt?*

Samstag (Band neunzehn von vierundvierzig) sehnt er sich nach Gesellschaft. Dürstet es ihn nach Smalltalk, Abwechslung, Cola Rum. Da er hier nur einen kennt, nimmt er Bredas täglich neu ausgesprochene Einladung an und besucht ihn im Depot.

Diesmal füllt Breda ihn mit einer Bier-Aquavit-Kombi ab. «Das trinkt man bei uns hier an der Küste.»

Ach so.

Breda, enthusiasmiert durch die exklusive Gesellschaft, redet wie ein Wasserfall. Wenn man alle seine Wörter auf einen Haufen legen würden, denkt Roth, würde der bis zu den Sternen reichen.

Nach dem nächtlichen Wasserlassen kann er nicht wieder einschlafen. Vier Uhr und ein paar Zerquetschte, das darf nicht wahr sein. Er starrt an die Decke, jede Winzigkeit gestochen scharf und lupenrein. Jetzt nur nicht verzweifeln, sondern – wie wäre *das* denn – das gestern und vorgestern und vorvorgestern und bisher Versäumte nachholen. Ist doch egal, ob morgens, mittags, abends oder nachts, Hauptsache, er kommt auf *fünf Stunden netto täglich*. Man hört und liest ja dauernd, dass Kreative vornehmlich nachts arbeiten. Band einundzwanzig von vierundvierzig also. Die Stimme des Alten hat eine sedierende Wirkung, nach zehn Minuten schläft er ein.

Die Sonne scheint ihm direkt auf den Kopf. Wieder hat er vergessen, die Vorhänge zuzuziehen. Für einen Moment weiß er nicht, wo er ist; er könnte nicht ratloser sein, wenn er auf dem Pluto aufgewacht wäre. Eine drückende Schwüle erfüllt die Wohnung. Warum nur muss ein Mensch, der sich nichts hat zuschulden kommen lassen, so elend und erschöpft sein? Er wünschte sich, dass jemand seine Anordnungen ignoriert und ihn anruft, eine Nachricht schickt oder ihn gar spontan besucht. Das hat er nun davon. Er meldet sich auch bei niemandem, das wäre ja ein Eingeständnis, dass er, aus welchen Gründen auch immer, nicht klarkommt. So weit kommt's noch.

Nach Band vierundzwanzig von vierundvierzig hat er genau zehntausendachthundertsieben Wörter (entspricht dreiundvierzig Seiten) *destilliert*. Zeit, das Material zu sichten, sich einen Eindruck vom bisher Geschriebenen zu machen. Bisher hat er sich das nicht getraut. Aus gutem Grund:

> Die Geschichte der Familie Roth ist eine von Glücksfällen, Irrtümern, schicksalhaften Verstrickungen und vor allem die meines Großvaters, ohne den ich diese Zeilen nicht zu Papier bringen würde. Friedrich Roth, Patriarch und Machtmensch, geborener Unternehmer, schon zu Lebzeiten eine Legende und im Zweifelsfall bereit, über Leichen zu gehen.
> (...)
> Nur widerwillig trat mein Vater Johann in die aus seiner Sicht zu großen Fußstapfen von Friedrich Roth. Es sollte sich zeigen, dass er, der so viel lieber eine künstlerische Laufbahn eingeschlagen hätte, der Aufgabe nicht gewachsen war. Und stets ließ mein Großvater ihn das fühlen.
> (...)
> Mein Großvater hatte stets bestritten, mit den Nationalsozialisten sympathisiert zu haben oder gar selber einer zu sein. Seinen Beteuerungen zufolge erfolgte der Eintritt in die Partei im Mai 1934 auf erheblichen Druck, mein Großvater fürchtete Enteignung und Konfiszierung des Vermögens.
> (...)

Erst nach Friedrich Roths Tod kam ans Licht, dass er Affären mit gleich fünf Frauen gepflegt hatte, aus denen drei Kinder hervorgegangen waren. Stets verleugnete er diese, eine der Frauen beging aus Liebeskummer Selbstmord. Ein eindrucksvolles Beispiel dafür, dass unternehmerische Größe keineswegs mit charakterlicher Befähigung einhergehen muss.

(…)

Meine Güte. Das blutleere Geschreibsel versetzt ihm einen regelrechten Schock, gefolgt von einer Panikattacke, gefolgt von einem tiefen Gefühl von Peinlichkeit. Selbst für eine erste Fassung sehr schwach. Das Wort *ältlich* kommt ihm in den Sinn. Und wieso steht da in jeder dritten Zeile «stets»? «Zufolge erfolgte»! Anwaltsprosa, unsäglich, wie Sachbearbeiter- oder Polizistendeutsch. Jedes Wort müsste man sich einzeln mit einem Reißnagel im Gehirn befestigen, damit es hängen bliebe.

Und inhaltlich hat man das so oder so ähnlich schon tausendmal gelesen: der geniale Gründer ein charakterloses Schwein, noch dazu ein notorischer Schürzenjäger und verkappter Nazi. Der Erbfolger ein Träumer. Die Frauen, stumm und schwach, halten den Mund und erdulden klaglos ihr Schicksal.

Vielleicht hat der Text ausgedruckt eine andere Wirkung? Leider nein. Er starrt auf das Papier, bis seine Augen tränen. Die Wörter marschieren über die Seiten wie Soldaten, formieren sich, umzingeln ihn, werfen ihn nieder. Er hält den Papierstapel in der Hand, als wären seine Finger daran festgefroren. Ob sich die Mitglieder der Gruppe 47 auch so rumgequält haben? Hemingway hat ja angeblich zur Flinte gegriffen, weil er nicht mehr schreiben konnte. Depressionen und Suff taten ein Übriges. Es gibt schlechtere Gründe. Einundsechzig ist der Vollbartträger geworden. Heinrich Böll gab mit achtundsechzig den Löffel ab, Günter Eich mit fünfundsechzig. Paul Celan hat sich mit neunundvierzig das Leben genommen, Ingeborg Bachmann ist mit siebenundvierzig an den Folgen eines Brandes im Schlafzimmer gestorben. Trübe Aussichten.

Er gewöhnt sich an, spätabends auf die menschenleere Seebrücke zu gehen und dort noch eine Flasche Wein zu trinken. Über ihm die Sterne, vor ihm das schwarze Loch der Lübecker Bucht. Der Mond, denkt er, so schön und rund wie eine menschliche Träne.

Fresh

Hallo! Wo bist du? Was machst du gerade?
LG Melanie

Melanie. Wer soll das denn sein? Er kommt und kommt und kommt nicht drauf.

Hab die Nummer nicht gespeichert, bitte hilf mir auf die Sprünge

Leipzig, 14. 4. Westin.

Ach so, das.

Er war zu fortgeschrittener Stunde mit Freund und Kollege Gero in der Bar Duke gelandet. Melanie saß mit einer Freundin (Viola oder Vivien oder so) am Nebentisch und sandte unaufhörlich Signale aus, ein einziges Augengeklimpere, Haarherumgespiele, Kopfschiefgelege. Er kommt generell gut an bei Frauen, aber dass er bei einer mal eine derartige Leidenschaft entfacht, passiert auch nur alle Jubeljahre. Binnen Kurzem entwickelte sich ein heftiger stummer Flirt von eigenartiger Dringlichkeit, bis sie schließlich auf den freien Platz neben sich deutete. Gero und er also rüberscharwenzelt. Genau an diesem einen Abend, in dieser Situation, an diesem Ort, zu dieser Uhrzeit, passte alles, das Schmiermittel Sambuca (ihre Idee, nicht seine) tat ein Übriges. Bei Gero und Viola/Vivien blieb der Funkenflug aus, ein unwitziges, deprimierendes Hangeln von einem *Dad Joke* zum nächsten.

Als die beiden – Zufälle gibt's – gleichzeitig zur Toilette gingen, fasste er sich ein Herz und fragte Melanie, ob sie *mitkommen* wolle. Ins Westin. «Ja, natürlich komme ich mit», sagte sie lächelnd, als sei es das Selbstverständlichste von der Welt und längst ausgemachte Sache. Das ging aber leicht, dachte er und küsste sie, sehr zum Missfallen einiger Vertretertypen, die nur zu gerne an seiner Stelle gewesen wären und hasserfüllt herüberlinsten. Ein rotgesichtiger Fettsack hatte gar die Stirn, Roth beim Verlassen der Bar anzupöbeln. Suffgeilheit gemischt mit Suffverzweiflung, ganz schlechte Kombi.

Im Westin ging es ohne Umschweife und für einen One-

Night-Stand erstaunlich hemmungslos zur Sache. Melanie, mit einer überraschenden Neigung zu Dirty Talk, nannte ihn viermal (er hatte mitgezählt) eine «perverse Sau». Einzelne *Sequenzen* schwirrten ihm noch tagelang durch den Kopf. Vor dem Einschlafen hatte sie ihm «Du bist eigentlich viel zu geil für mich» ins Ohr geflüstert. Da er nicht recht wusste, was sie damit sagen wollte, hatte er aus Verlegenheit «Ja? Finde ich nicht» geantwortet.

Um 6.30 klingelte ihr Handywecker.

«Was ist denn?»

«Ich muss los.»

«Wohin?»

«Zur Uni.» Ach ja, wissenschaftliche Mitarbeiterin, fiel ihm wieder ein.

«So früh?»

«Ja, leider.»

Meine Güte, dachte er, die Arme kann sich kaum auf den Beinen halten, wie soll die in ihrem Zustand einer Arbeit nachgehen? Na ja, nicht sein Problem.

«Sehen wir uns wieder?»

«Klar», hatte er reflexhaft geantwortet; er war viel zu fertig und zu müde und voller Restalkohol, um sich darüber ernsthaft Gedanken zu machen. Romantische Gefühle hatte sie keine in ihm ausgelöst. Aber wer weiß, was passiert wäre, wenn er Nein gesagt hätte, vielleicht eine Psychobraut, die durchdreht und ihm eine Szene macht. Etwas unbedacht hatte er ihr seine Telefonnummer gegeben; normalerweise rückt er bei derartigen Gelegenheiten nur die Mail-Adresse raus.

Eine Woche später die erste SMS: Sie kenne sich mit den *Gepflogenheiten* nicht so aus, würde ihn aber gerne wiedersehen. Wo auch immer, Leipzig, bei ihm («Wo wohnst du eigentlich?») oder ganz woanders. Leipzig ist deprimierend weit weg; sie zu sich einladen kam erst recht nicht infrage, also blieb nur die *Ganz-woanders-Variante,* auf neutralem Boden.

Kennst du St. Peter-Ording?

Nein.

Schön dort. (Er hatte sich schon ein paarmal mit seinen Affären im Strandhotel Zweite Heimat getroffen.) Das wäre mein Vorschlag.

Abgemacht. Wann?

Als er den achtzehnten Mai vorschlägt, ist sie gleich einverstanden.

Vorher kannst du nicht?

Leider nein.

Schade, ist noch ganz schön lange hin.

Wieso lange, dachte er, sechs Wochen, das ist doch nicht lange.

Sie schreibt ihm regelmäßig, will Kontakt halten, wünscht sich, dass er sie nicht vergisst oder gar im letzten Moment absagt. Er antwortet entweder gar nicht oder kurz angebunden. Als sie einmal wissen will, wie sein Tag war, zieht er die Notbremse und lässt sich drei Tage Zeit mit einer (maximal nichtssagenden) Antwort. Es geht um Sex, um mehr nicht, damit das mal klar ist.

Am siebzehnten Mai hat er keine Lust mehr. So geil war es nun auch nicht, und mit an Sicherheit grenzender Wahrscheinlichkeit lässt sich das eh nicht wiederholen; St. Peter-Ording ist nicht Leipzig, das Zweite Heimat nicht das Westin, und überhaupt. Dann noch die elende Gurkerei, 150 Kilometer hin, 150 Kilometer zurück – 300 Kilometer insgesamt. Inklusive Dinner, Drinks und Übernachtung kostet ihn das Abenteuer, na, was würde man schätzen, 400 Euro. Eher 500. Plus zwei Tage. Aber er will sich noch ein Hintertürchen offenlassen, vielleicht ist er ja nächste Woche oder nächsten Monat oder nächstes Jahr in Stimmung. Ihm sei etwas *Unaufschiebbares beruflicher Natur* dazwischengekommen, leider, ob sich das Ganze um ein paar Tage verschieben ließe, auf den 26. 5.?

Kein Problem, passt. Ich freue mich.

Die lässt ja jeden Scheiß mit sich machen, denkt er, auch nicht gerade antörnend. Wahrscheinlich hat sie *Schwächen*, die ihm damals nicht aufgefallen sind. Er kann sich nur noch vage an ihr Äußeres erinnern, lange, glatte braune Haare, schlank mit Tendenz ins Schlaksige, etwas zu viel

Zahnfleisch. Im Zimmer hatte er das Licht gar nicht erst angemacht und im morgendlichen Zwielicht bewusst nicht hingeschaut. Jedenfalls gilt es, unliebsamen Überraschungen vorzubeugen. Sie um ein Foto zu bitten, ist peinlich, *Willst du sehen, ob ich fickbar bin?*. Alles schon passiert. Sicher schwirren Fotos von ihr im Netz herum, von jedem schwirren Fotos im Netz herum.

Kannst du mir deine Mail-Adresse zukommen lassen, dann schicke ich dir einen Link zum Hotel.

Den könnte er natürlich auch per SMS schicken. Egal, die Antwort lässt wie immer nicht lange auf sich warten: Melanie.Nachname@web.de. Es finden sich drei Einträge und zwei Fotos. Sieht ganz gut aus, bisschen geil sogar, und auch nicht gephotoshoppt. Wissenschaftliche Mitarbeiterin an der Uni Leipzig, Fakultät für Chemie und Mineralogie.

Am fünfundzwanzigsten Mai – das gibt's doch gar nicht – hat er schon wieder keinen Bock. *In Leipzig war's geil, in St. Peter-Ording wird's ungeil.* Für einen lauen zweiten Aufguss 150 Kilometer hin und 150 Kilometer wieder zurück, das sind 300 Kilometer plus zwei Tage plus 400 oder 500 Euro. Was eine Chemikerin wohl so zu erzählen hat? Er holt sich erst mal einen runter. Ob sie *noch* eine kurzfristige Absage schluckt? Standby forever, forever Standby. Ghosting wäre eine Möglichkeit. Oder Krankheit vorschützen (Mittelohrentzündung, ernst, aber nicht tödlich). So geht es hin und her. Allein, weil er sich stundenlang den Kopf zerbricht, müsste er absagen. Er holt sich noch *(noch!)* einen runter, womit die Sache erledigt ist. SMS raus: Sowohl beruflich als auch privat befinde er sich in einer Umbruchsituation, wenn wieder Land in Sicht sei, werde er sich melden. Zurück kommt ein «Schade». Dann hat er ihre Nummer gelöscht.

Aber wenn die jetzt für eine Nacht *frei Haus* vorbeikäme, wäre das vielleicht ganz geil.

Schön, von dir zu hören. Wie geht's dir, was machst du gerade?

Hier ist ziemlich Leerlauf. Außerdem ist es so heiß in der Stadt.

Das nennt man Vorlage.

Falls du nächstes WE noch nichts vorhast: Ich bin gerade an der Ostsee. Niendorf, kleines Fischerdörfchen. Komm vorbei, wenn's passt.

Samstag?

Abgemacht. Kommst du mit dem Auto? Sonst kann ich dich am Lübecker Bahnhof abholen.

Drei Minuten später:

15.32 Lübeck Hbf. Freue mich sehr.

Sehr freut er sich nicht, aber immerhin:

Freue mich auch. Bis dann.

Er googelt die Entfernung Leipzig–Niendorf. 460 Kilometer. 460 Kilometer hin und 460 Kilometer wieder zurück, das sind 920 Kilometer. Plus Zeit plus Spesen. Ich bin vielleicht ein Arsch, denkt Roth.

Sein Bett ist zu klein für zwei Personen. Das in die Jahre gekommene Apartmenthaus nicht gerade sexy. Das Bad hellhörig. Tonband, Ordner, Unterlagen müsste er im Schrank verstecken, denn er hat keine Lust, sie in seine Pläne einzuweihen, überhaupt irgendwas Privates preiszugeben. Nur das Allernötigste. Also wird er sich in einem Hotel einmieten: Miramar, Seaside Strandhotel, Strandhotel LUV, Hotel Atlantic sind ausgebucht, lediglich im Seehuus Lifestyle Hotel (4 Sterne) ist noch ein Zimmer mit seitlichem Meeresblick frei.

Ausgerechnet am Samstag ist es bewölkt, kühl und windig. Besser, er checkt ein, bevor er Melanie abholt. Vor ihm eine Philippinin (sie heißt wohl Niewa oder Nieva) und ihr deutscher Ehemann (Werner). Nieva, ein Meter fünfundfünfzig, verkniffen, freudlos, Mitte fünfzig, das verhärmte Gesichtchen maskenhaft starr, die grauen Haare zu einem Pferdeschwanz gebunden, dünstet aus jeder Pore Missmut aus. Werner, um die zehn Jahre älter, hängende Schultern, krummer Rücken, der Bauch ein mittelgroßer Fettball, sieht beliebig aus wie ein Glas Wasser. Alles an ihm ist schlaff und ausgeleiert, einer, bei dem immer etwas hängt, lose ist, offen ist oder auf dem Boden schleift, der Hosenstall, die Schnürsenkel, die Jacke. Er hat auffallend kleine, spitz zulaufende Hände und eingedellte Finger.

Während die junge, freundliche Rezeptionistin («Lea» steht auf ihrem Namensschild) dem Ehepaar mit Engelsgeduld erläutert, wo Frühstücksraum, Fitnessraum, Sauna usw. liegen, wird sie pausenlos von Nieva unterbrochen. Ausgegossen mit Argwohn und Misstrauen, hakt die nach, bohrt, löchert, nervt. Sie tut so, als wolle Lea sie komplett *verarschen*. Nieva ist der lebende Beweis dafür, dass alte und hässliche Frauen genauso nervtötend sein können wie junge und schöne. Bestimmt war ihre Stimme schon immer penetrant, aber jetzt, so alt und brüchig und verbraucht, ist sie unerträglich, eine Beschwerdestimme, wie gemacht, um sich zu beklagen. Irgendwas ist schließlich immer: zu kalt, zu heiß, zu hell, zu dunkel, zu laut, zu spät, zu süß, zu salzig. Immer wieder schaut sie vorwurfsvoll zu ihrem Mann, nach dem Motto «Jetzt sag doch auch mal was». Doch der zuckt nur mit den Schultern, die beiläufigste, gleichgültigste Geste, die sich denken lässt. Er hat gar nicht richtig zugehört, er ist mit den Gedanken bei seiner Beerdigung, er wünscht keine Erd-, sondern eine Feuerbestattung, weil er Angst vor den Würmern hat. Vielleicht, so seine Überlegung, ist man nach dem klinischen Tod in Wahrheit eben *nicht* vollständig tot, sondern es funktionieren noch ein paar Nerven, und wenn dann die Würmer und Maden und Bremsen und Fliegen und Asseln und Käfer und was es sonst noch alles gibt, am eben erst neunundneunzig Komma neun Prozent toten Leichnam nagen, müssen das wahrlich Höllenqualen sein.

Tiefgarage kostet fünfzehn Euro/Tag. «WAAAS? WIESO? WIESO NICHT UMSONST?» Nieva flippt aus. Werner zuckt wieder nur mit den Schultern, seine wässrigen, von hängenden Falten umrandeten Augen bleiben ausdruckslos. Andere nennen es Geduld, Nieva weiß, dass es lediglich getarnte Schwäche ist. Du alter Zausel, na warte, du! Sie werden gerade bei lebendigem Leib über den Tisch gezogen, und ihr Ritter von der traurigen Gestalt fügt sich ohne Widerworte. Werner weiß, dass er nicht viel ist, aber immerhin ist er ein erwachsener Mann mit einer Brieftasche.

«Hier Ihre Kurkarten, die müssen Sie immer mit sich führen.»

«WIESO, WESHALB, WARUM IMMER MITFÜHREN? ERKLÄREN SIE MIR DAS!» Nieva hat einen selbst für ihre Verhältnisse schlechten Tag. Die Schlange hinter Roth ist auf mittlerweile fünf Personen angewachsen. Lea schaut sich hilfesuchend um, keine Kollegin, kein Kollege in Reichweite. Am liebsten würde Roth Nieva die Kurkarten aus der Hand schlagen, und vielleicht draufpissen. Die checkt überhaupt nicht, dass sie den Laden aufhält, und wenn sie es checken würde, wäre es ihr egal, schließlich ist es ihr gutes Recht, der kiebigen Rezeptionsschlampe so lange auf den hohlen Zahn zu fühlen, bis die endlich mit der Wahrheit rausrückt. Werner, an unheilbarer Tiefenerschöpfung leidend, kann sich kaum mehr auf den Beinen halten, es ist, als würden sich seine Knochen auflösen.

Jetzt hat er dieses für seinen Geldbeutel zu teure Hotel gebucht (De-luxe-Zimmer/Seeseite), um Nieva gnädig zu stimmen. Er hat gehofft, einen Tag; ach was, einige Stunden, eine Stunde, eine halbe Stunde, zur Ruhe zu kommen. Und nun gleich wieder dieses furchtbare Theater. Seit dreißig Jahren ist er mit Nieva zusammen, davon achtundzwanzig verheiratet, er hat sich an fast alles gewöhnt, nur ganz gelegentlich, ausnahmsweise, benötigt er eine Auszeit. Akkus aufladen; dann hält er wieder Wochen und Monate durch, ohne zu murren, zu schlafen, zu essen und zu trinken. Er hat in seinem langen Leben gelernt, dass alles, wonach man sich sehnt, was immer es ist, sowieso nicht kommt. Das Schönste, was es für ihn noch gibt, ist, sich nach einem Tag wie diesem für fünf oder zehn Minuten auf einen Stuhl zu setzen.

Roths Telefon vibriert.

> Habe Fensterplatz bekommen im Großraum.
> Angenehm leer. Freue mich.

Interessiert mich nicht, denkt Roth. Aber irgendwas muss er zurückschreiben.

> Gute Fahrt. Bis gleich.

Weniger geht nicht.

Ob es in der Nähe ein vegetarisches oder veganes Restaurant gebe, will Nieva nun wissen. Lea steht kurz vor einem Nervenzusammenbruch. Sie hat gerade ausgelernt und ist für so was nicht gemacht. Ein Restaurant mit *ausschließlich* fleischloser Kost gebe es leider nicht. «WIE, GIBT NICHT?» Ihr Trottelmann hat die Versorgungssituation vor Ort nicht gründlich recherchiert, jetzt schaltet er auf Durchzug, steht da wie ein Schluck extra abgestandenes Wasser in der Kurve, also wie immer. Lea, alle ihre himmlische Engelsgeduld aufbietend: Der Italiener im Ort verfüge über eine große Auswahl leckerer vegetarischer Gerichte; Nudeln, Pizza, Salate, Antipasti. «NEIN, NEIN, NEIN», schreit Nieva, italienische Küche *vertrage* sie nicht (welcher Mensch auf Gottes weitem Erdenrund verträgt denn italienisches Essen nicht?), ein einziges vegetarisches Restaurant müsse es doch geben, gibt es doch überall.

Aber hier nicht, du dumme, alte Nuss, wir sind an der deutschen Ostseeküste, und wenn es dir nicht gefällt, dann zieh Leine und geh dorthin zurück, wo du hergekommen bist. Noch ein falsches Wort, und Roth wird Recht vor Gnade ergehen lassen. Endlich – das Intermezzo hat fast zwanzig Minuten gedauert – ist alles erledigt, hier bitte unterschreiben. Nieva nickt Werner zu, der soll das übernehmen, der soll auch mal was tun, es macht sie kirre, wie der dasteht wie ein verdunstender Schluck Wasser in einer besonders lang gezogenen Kurve. In unförmigen Druckbuchstaben setzt er seinen Wilhelm August unter die Anmeldung. Lea händigt Nieva die Zimmerschlüssel aus. «Bitte schön, Zimmer hundertvierundzwanzig, erster Stock.»

«WAAAS?», schreit Nieva. «ICH WILL WEITER OBEN.» Lea erläutert behutsam, der erste Stock sei nicht das Erdgeschoss, der erste Stock sei viel besser, nämlich eine Etage höher; als ob Nieva das EG nicht vom ersten Stock unterscheiden könnte. «NEIN, NEIN, NEIN, GANZ OBEN, VIERTER STOCK.» «Dort sind die Suiten und Penthouses, außerdem sind wir ausgebucht.» «WARUM NICHT ETAGE DREI, WARUM EINS, WARUM SO TIEF?» Ihre Stimmbänder beginnen zu flimmern.

«Schauen Sie sich das Zimmer doch erst mal an», fleht Lea. Ihr Gesicht hat vor Schweiß zu glänzen begonnen. «Ja», sagt Werner, erstmals das Wort ergreifend, «wir schauen uns das Zimmer an. Vielen Dank für Ihre Mühe.»

VIELEN DANK FÜR DIE MÜHE?! JETZT FÄLLST DU MIR AUCH NOCH IN DEN RÜCKEN. Oben wird Nieva ihn sich vorknöpfen, aber diesmal richtig. Werner fragt sich, wie so oft schon, wann ihre gemeinsame Zeit enden wird, er hat nur eine kurze Spanne zu leben und ist so voller Unruhe. Er wünscht sich nichts mehr, als dass Nieva vor ihm stirbt und ihm noch ein paar Jahre *zur freien Verfügung* bleiben, ein geruhsames Leben ohne Schicksalsschläge, das wäre es.

Anstatt nun endlich, endlich, endlich den Weg frei zu machen, verstaut Nieva die Kurkarten extraumständlich in ihrer Geldbörse. Es reicht. Wer nicht hören will, muss fühlen, denkt Roth und tritt Nieva in die Hacken. Wutentbrannt dreht die sich um, doch darauf hat Roth nur gewartet. WAS DENN, EIN FALSCHES WORT UND ES SETZT OHRFEIGEN, BIS DIR DAS BLUT AUS DEN AUGEN

LÄUFT, denkt er. «Entschuldigung, war ein Versehen», sagt er.

Nieva, die tatsächlich Gedanken lesen kann, gibt klein bei, zischelt Unverständliches und nimmt sich stattdessen Werner vor. Sie sieht ihn an, dass es nicht auszuhalten ist, mit einem Blick, von dem er sich nie mehr erholen wird. Werner kennt sich gut aus mit Nievas Blicken, er kennt alle ihre Blicke in- und auswendig, aber dieser hier ist neu, einer, der eine endgültige, nicht rückgängig zu machende Veränderung ankündigt. Vor Entsetzen lässt er die Koffer fallen und weicht zurück, immer weiter, durch die automatische Drehtür, den Bürgersteig, die Straße, die Niendorfer Ortsgrenze. Er weicht zurück, rückwärts vor ihr, bis er ans Ende der Welt zurückgewichen ist.

Der Boden des Lübecker Hauptbahnhofs ist mit Fahrkarten und Spucke übersät, ein trauriger Anblick, den es so nur auf Bahnhöfen gibt. Offiziell gilt das Gebäude als *Reiterbahnhof*, inoffiziell als Geister- und Sackbahnhof. Als der Zug einfährt, verhärtet sich Roths Kinn, und im Magen verspürt er ein dumpfes Brennen. Falsche Entscheidung, die einzuladen, denkt er, komplett falsche Entscheidung, und in dem Zusammenhang ein seltsam unpassender, gestelzter Satz: *Eine Begegnung, die weder ihr noch mir irgendeine Verbesserung bringen wird.*

Melanie trägt Jeans, Bluse, Lederjacke, Sneakers, ein durchaus geschmackvolles, juveniles Ensemble, aber irgendwas ist an ihr nicht *fresh*, ganz und gar nicht. Ihrer ganzen Erscheinung fehlt es erkennbar an *Spannkraft*;

Einsamkeit, unerwiderte Liebe, Erschöpfung und verunglückte chemische Experimente haben ihre Spuren hinterlassen. Sie sieht aus, als wäre ihr einmal etwas Wichtiges misslungen und sie wäre nie ganz darüber hinweggekommen. Ein spätes Mädchen mit dünnen Haaren, das immer schon gut in Naturwissenschaften war. Sie stellt ihre XXL-Reisetasche auf den Boden, umarmt ihn, strahlt übers ganze Gesicht. Ganz schön viel Zahnfleisch, dann doch. Und die Augen quellen etwas vor. Basedow? Sie küsst ihn auf den Mund. Sind wir jetzt ein Liebespaar? Hat sie den natürlichen Distanzreflex verloren?

Und was soll die riesige Tasche? Hat sie sich etwa auf einen längeren Aufenthalt eingerichtet? Ein Tag und eine Nacht (15.30 bis 11 Uhr = 19,5 Stunden) waren vereinbart oder etwa nicht, oder war eine der vielen sinnlosen, allesamt verzichtbaren Nachrichten missverständlich? Ewig diese Nachrichten mit ihren Fehlinterpretationsspielräumen.

Während der Fahrt steigt eine Mischung aus Unlust und Wut in ihm hoch. *Ganz klar die falsche Entscheidung das alles hier, wie konnte ich nur*. Bis zum Check-out liegen 19,5 Stunden vor ihm. Wie alt ist die eigentlich? Mitte vierzig, Ende vierzig? Wahrscheinlich eher Ende. Ach je, hätte er das nur alles gewusst, Zahnfleisch, Augen, Freshness. Aber so ist das nun mal: Irgendwann stehen keine interessanten Alternativen mehr zur Wahl, nur noch die weniger interessanten. Unvorstellbar, sich in sie zu verlieben, überhaupt ist sie kein Typ, in den man sich verliebt. Früher war er ständig verliebt, manchmal in zwei oder drei gleichzeitig, er war ganz begeistert vom weiblichen Geschlecht. Ihm fuhr ein gewaltiger Stich ins Herz, nur weil ein Mädchen, für das er schwärmte, im Bus an ihm vorbeifuhr. Durchschnittlich einmal im Monat wurde ihm das Herz gebrochen, mal heftig, mal heftiger. Und heute: unerwärmbar, stumpf, abgebrüht, vom Zynismus zu Asche verbrannt. Gibt es das, über die Liebe hinaus sein?

«Fantastisch, toll, ganz toll», sagt sie, nachdem sie das Zimmer bezogen haben.

«Freut mich, dass es dir gefällt», sagt er, denken tut er: Könnte eine richtige Liebeslaube sein, wenn wir denn ein Liebespaar wären, so ist es nur eine Bumsbude mit seitlichem Meerblick.

Jetzt aber gilt es erst einmal, die Zeit bis zum Abend herumzubringen. Er schlägt einen Spaziergang zum Timmendorfer Strand vor. «Tolle Idee», sagt sie. Hoffentlich ist *toll* nicht ihr Lieblingswort.

«Okay, let's go!» Noch nie ist ihm *okay, let's go* rausgerutscht. Kannst mal sehen. Auf dem Weg erzählt er, was er in vergleichbaren Situationen immer erzählt, belangloser STUFF, in Formulierungen, die ihm selbst schon zu den Ohren herauskommen, jeder einzelne Satz eine Lüge, kein Fitzelchen Wahrheit darin. Es ist, als würde ihm Sand aus den Lippen rinnen, so gleichmäßig rieseln die Legosätze. Er gibt sich ja auch keinerlei Mühe. Muss reichen, denkt er. Dass Melanie seine Ausführungen dauernd mit «Ich verstehe» kommentiert, nervt ihn auch schon wieder. Wann lernt die, nicht mehr «Ich verstehe» zu sagen zu Dingen, die sie keineswegs versteht? Von ihr kommt nur wenig Verwertbares. Nach biografischen Eckdaten landet sie direkt bei ihren True-Crime-Lieblingspodcasts. Roth kennt Podcasts nur vom Hörensagen, reine Zeitverschwendung, wie Spielkonsolen oder *Bewertungen schreiben*. Typisch Naturwissenschaftler, denkt er, die haben außerhalb ihres Fachbereichs alle nicht viel los.

Nach gerade mal einer halben Stunde fühlt er sich erschöpft und ausgelaugt. *Vitalitätssenkung*, den Begriff hat er kürzlich aufgeschnappt, ist gleich hängen geblieben. Gutes, einleuchtendes Wort, kann man sich sofort was drunter vorstellen. *Melanie ist Energiestau, die lässt mir die Luft raus, sie zählt zu den Menschen, die unaufhörlich Energie absorbieren*. Er schlägt vor, eine Pause einzulegen. Einverstanden.

«Da», sagt sie und deutet irgendwohin. Ein Raubvogel steht, getragen von den Strömungen, regungslos in der Luft. Nicht der Rede wert, denkt er, nickt und schweigt unbeholfen.

«Guck mal, was ich uns mitgebracht habe.» Sie holt zwei Bierdosen aus ihrer Tasche. «Du trinkst doch Bier?»

«Klar.»

«Nicht mehr ganz kalt, hoffe, das macht nichts.»

«Ach was, passt schon.»

Sie sitzen und trinken und schauen aufs Meer. Gleichzeitig trinken und reden geht schlecht, denkt er, stimmt aber nicht. Sie kann überhaupt nicht aufhören zu reden; vielleicht befürchtet sie, dass er bei einer Pause aufstehen und gehen oder sich vielleicht vor ihren Augen in Luft auflösen könnte. Seine Lider werden schwer. Das leichte sexuelle Prickeln, das er auf dem Bahnhof verspürt hatte, hat sich komplett verflüchtigt. Ihn überfällt eine so umfassende Langeweile, dass sein Körper zu jucken beginnt.

«An mir hat es jedenfalls nicht gelegen.» Sagt sie so laut, als sage sie es schon zum zweiten oder dritten Mal. Er schreckt auf, er hat überhaupt nicht zugehört. An wem denn sonst?, denkt er, «nein, sicher nicht», sagt er, und: «Lass mal langsam weiter.»

«Okay.»

Melanies Lippenstift hat auf der Bierdose einen roten Flecken hinterlassen. Als ein frischer Wind aufkommt, reibt sie sich demonstrativ die Hände. Sie möchte gefragt werden, ob sie kalte Hände habe. Das würde sie bejahen und seine Hände in ihre nehmen. Deine Hände sind schön warm, würde sie sagen, und sie würden den Spaziergang Händchen haltend fortsetzen. So kommt es dann auch.

Das ist unangenehm und bleibt es. Er sucht nach einem Vorwand, die Hand wieder loszuwerden. «Warte mal.» Er fasst in seine Manteltasche.

«Was ist denn? Vermisst du was?»

«Ich dachte grad, mein Portemonnaie wär weg. Aber Entwarnung, hier ist es.» Die Hand ist er los, und zum Glück unternimmt sie keinen zweiten Versuch.

Kurz hinter dem SEA LIFE Timmendorfer Strand taucht eine Strandbar auf. Die Buddelbar.

«Kennst du die?»

«Nein, ich bin auch zum ersten Mal hier. Wir können da ja was trinken und uns dann langsam auf den Rückweg machen. Timmendorf ist eh überlaufen.» Als ob er das wüsste.

«Das ist ja süß hier», sagt sie, als sie am Hafen vorbeikommen.

«Tja», sagt er, als hätte er den Hafen selbst entworfen und gebaut.

«Ich hab den ganzen Tag noch nichts gegessen. Was dagegen, wenn ich mir ein Matjesbrötchen hole?»

«Wüsste nicht, was dagegenspricht», sagt er, bitte nicht, denkt er, wenn du hungrig bist, iss zur Not eine Fischfrikadelle, alles, nur kein Matjesbrötchen. Matjes mit rohen Zwiebeln, den Geruch wird die nie wieder los, jedenfalls nicht innerhalb der, Moment: kommenden 16,5 Stunden. Genauso gut könnte sie ihren Körper mit Schimmelkäse oder Knoblauch einreiben. Aber sie hat's schon bestellt.

«Schmeckt das toll. Sooooo lange her.»

«Verdirb dir nicht den Appetit», mahnt er, schmeiß das verdammte Brötchen weg, meint er. Als sie lächelt, klebt Dill zwischen ihren Zähnen.

Kurz vor sieben sitzen sie auf dem seitlichen Balkon und trinken Weißwein. Der Alkohol schießt unendlich belebend ins Blut. Der erste gute Moment des Tages.

«Na dann: zum Wohl.» Und er fühlt sich tatsächlich wohl, für ein paar Minuten wenigstens.

«Bist du hier eigentlich immer im Seehuus?»

«Wie gesagt, das ist überhaupt mein erstes Mal in Niendorf. Aber nächstes Mal auf jeden Fall wieder Seehuus.»

«Sag Bescheid, dann komm ich dich besuchen.»

Er antwortet nicht und öffnet eine zweite Flasche. Nicht so schnell so viel, mahnt er sich, es liegen noch, Moment mal, 16 Stunden vor mir. Eigentlich nur 9, wenn man den Schlaf abzieht. Vielleicht schlafe ich auch 8 Stunden, wieder eine Stunde weniger. Eine richtige Scheißidee alles. Wieder nimmt sie seine Hand, in der uneinsehbaren Abgeschiedenheit des Balkons traut sie sich. Wie es weitergeht, möchte sie wissen.

«Um zwanzig Uhr runter? Die haben ein eigenes Restaurant, brauchen wir das Hotel nicht zu verlassen.»

«Toll, find ich gut.»

Als sie ins Bad geht, um sich frisch zu machen, wirft er einen Blick auf ihren Hintern. Nicht *fresh*, selbst in der engen Jeans nicht.

Im Restaurant bestellt er eine ganze, auf der Haut gebratene Dorade, Melanie wählt Tagliatelle mit Steinpilzen. Dazu eine Flasche Grauburgunder. Der Geschmack ist ihm nach einem Liter (Melanie hat zwei Gläser getrunken, er den Rest) widerlich, aber auf Rotwein umsteigen wäre wohl keine gute Idee. Ihr Kopf versinkt zwischen den Schultern, während sie isst. Kennt man sonst nur von dicken Männern. Auch schon wieder abtörnend. Hoffentlich werde ich bald mal geil, denkt er.

Auch beim Tischgespräch kommt nichts heraus, alles schon millionenmilliardenmal gesagt, jeder Satz vergrößert die Distanz zwischen ihnen, als bewegten sie sich rückwärts durch die Stufen der Vertraulichkeit, um in, Moment, genau 14 Stunden wieder Fremde zu sein. Ein Tropfen Steinpilzsoße klebt an ihrem Kinn, er muss gegen den Impuls ankämpfen, ihn grob wegzuwischen.

«Hast du eigentlich Kinder?»

«Ja, eine Tochter. Aber die ist schon erwachsen.»

«Klingt so, als hättet ihr nur wenig Kontakt.»

Dankbar ergreift er die angebotene Antwort: «Genau.» Dann stopft er sich den Mund voll, als könnte das weiteren Fragen einen Riegel vorschieben.

Nach dem Essen möchte sie an den Strand, mit den Füßen im Wasser stehen, Sterne gucken. Er hat sich in seinem ganzen Leben noch nicht mit den Füßen ins Wasser gestellt. Sie legt eine Hand um seine Taille, zieht ihn zu sich heran und küsst ihn. Matjesfahne. Da kann die Steinpilze mit Soße fressen, soviel sie will, der Geruch geht nie wieder raus, denkt er, und: Was sollen denn die Leute denken? In Niendorf tauscht man allenfalls Wangenküsse aus, kameradschaftliche Küsschen mit gespitzten Lippen.

«Langsam wird's frisch», sagt er und lächelt, als sei es ein ungeheuer schwerer Entschluss, sich aus der Umarmung loszureißen.

«Gehen wir doch aufs Zimmer», sagt sie, «wir haben ja noch einiges vor.»

Wie damals in Leipzig geht's ohne Umwege zur Sache, aber er steigert sich in die Vorstellung hinein, ihr ganzer Körper sei von Matjes, Zwiebeln und Dill kontaminiert. Akrobatik, Verrenkungen, Bravourstücke, *abartige Moves*: undenkbar. Er kommt und kommt und kommt nicht in Fahrt, das Prädikat *perverse Sau* verdient er sich heute sicher nicht. Das mag Melanie recht sein, der vielleicht auch mehr nach romantischem, zärtlichem Miteinanderschlafen ist. Als sie auf ihm ist, schaut sie ihn an, lange, intensiv, als würde sie in seinem Gesicht verborgene Botschaften erkennen. Guck doch woandershin, denkt er, gibt genug zu sehen. Wenn sie doch nur schon fertig wären mit der Verrichtung. Nach einer halben Stunde *Action* (ein Wunder, dass er überhaupt so lange durchhält) schlägt er vor, eine Pause einzulegen; schließlich hätten sie noch die ganze Nacht Zeit.

«Ja, gut», flüstert sie und schmiegt sich an ihn. Er streichelt über ihren Nacken. Fühlt sich sonderbar an, schlaff und ungeschmeidig, als hätte ihre Haut sich mit einem Mal in Zellophan verwandelt. Nach nicht einmal einer Minute ist sie eingeschlafen. Ihr Parfüm hat sich verflüchtigt, zum Vorschein kommt ein leicht säuerlicher Geruch. Matjes mit Zwiebel oder Eigenaroma? Die unappetitliche Seite des Sex: Gerüche, Flecken, Rückstände. Fällt bei Pornos ebenso weg wie An- und Abfahrt, Spesen und angestrengte Konversation im Vorfeld. Vorsichtig löst er sich aus der Umarmung und stellt den Fernseher an. Noch nie war Fernsehen so schön. Hoffentlich pennt die durch bis morgen früh, denkt er und schläft bei laufendem Fernseher dann selbst ein. Als er irgendwann in der Nacht aufwacht, hat sie sich über ihn gebeugt.

«Oh, Entschuldigung», sagt sie. «Ich schaue dich so gerne an. Ich bin gerade ganz glücklich.»

Psycho, denkt er, ich hab's ja gewusst.

«Ich weiß, dass ich dich nicht glücklich mache, aber *ich* bin es gerade.» Sie fasst ihm zwischen die Beine. «Ich will, dass du kommst.»

Hauptsache, ich muss nicht noch mal ran, denkt er.

«Ist ja gleich vorbei», sagt sie, als sie morgens nach dem Duschen aus dem Bad kommt. So bei Tageslicht kein schöner Anblick, auf ihrem Rücken jede Menge Leberflecken und Sommersprossen und Pickel, nicht fresh, überhaupt nicht fresh. Er tut so, als habe er die Bemerkung überhört.

«Was hast du heute noch so vor?», fragt er.

«Nichts. Und du?»

«Für mich ist letzter Tag, ich hab noch einiges zu erledigen, bevor es nach Hause geht. Gut, dass wir nicht so verkatert sind wie beim letzten Mal.» Bloß weg, denkt er, ohne Frühstück, ohne alles. Während sie ihre Sachen packt, geht er ins Bad. Von der ganzen dicken Rolle Klopapier ist nur noch ein Fitzelchen übrig. Er war drei-, viermal auf der Toilette, entspricht etwa zehn Blatt, dann muss sie in der kurzen Zeit EINHUNDERTFÜNFZIG Blatt verbraucht haben. Unheimlich. Als er zurückkommt, ist sie immer noch nicht fertig. Er tut so, als würde er E-Mails beantworten.

«Dann fahr ich dich mal zum Bahnhof.»

«Nicht nötig, ich nehm den Bus. Schräg gegenüber ist gleich die Haltestelle. Vielleicht mach ich einen Abstecher nach Travemünde, da war ich auch noch nie.»

«Okay. Ich geh schon mal auschecken.»

Irgendwas Nettes muss er zum Abschied noch sagen.

«Schön war's.»

«Fand ich auch. Und danke für die Einladung.»

Sie küsst ihn auf den Mund. *Bitte geh direkt zur Bushaltestelle, begleite mich nicht zur Rezeption und küsse mich nicht noch mal auf den Mund.* Wäre gar nicht nötig gewesen, sie ist ja nicht doof.

Brimborium Was ist eigentlich mit Breda? Hält sich seit ein paar Tagen diskret zurück. Ist er beleidigt, weil Roth in letzter Zeit immer so kurz angebunden ist? Dabei wär's ihm nach der Seehuus-Aktion ganz recht, mal einfach einen unter Männern draufzumachen.

«Ach, guck mal an, der Herr Roth», strahlt Breda. Leider habe er ausgerechnet heute keine Zeit, Bettenwechsel, außerdem würde seine Freundin aus der Kur entlassen. Freundin, welche Freundin? «Ach so, na dann, ich schau die Tage wieder rein.» So eine Enttäuschung.

Stunden später, als Roth schon längst wieder in seinem Apartment hockt und sich langweilt. DING DANG DONG. Sein Herz macht einen kleinen Hopser. Vielleicht ist es ja ...

«Überraschung! Ich hab da was verwechselt, Simone wird erst morgen entlassen. Komm, wir gehen ins Depot, ich hab ’nen polnischen Wodka reingekriegt, absolute Premiumqualität, besser als Belvedere.»

Liebend gern, liebend gern! Es wird dann auch ganz gemütlich.

Später geht Breda zum Strandkorbdrehen, Roth zur Seebrücke. Der Wind legt sich wie ein warmes Tuch auf sein Gesicht, die warme Luft dringt durch Haut und Muskeln. Millionen Menschen wären jetzt gerne an meiner Stelle, versucht er sich aufzuheitern. Die Zeit fließt aus dem Nichts ins Nichts. Man wird aus nichts geboren und löst sich irgendwann in nichts auf. Ist doch herrlich.

Die Tage über werkelt und pfriemelt und tippselt er vor sich hin und ist immer noch nicht vom Fleck gekommen. Glaubt er zumindest, denn nach dem Schreck der ersten Überprüfung hat er eine seltsame Scheu, die Tagesergebnisse zu sichten. Feigheit vor dem Feind, Angst vor umfassender Demoralisierung. Insgeheim hofft er, dass sich sein Stil gewissermaßen automatisch verbessert, learning by doing, work in progress, intelligent writing.

Wenn er nur nicht so schlapp wäre. Woher rührt nur dieser Mangel an Energie? Kennt er gar nicht von sich. Vielleicht sind die Brennstäbe kaputt und sollten mal ausgetauscht werden. Oder sie sind verbraucht, und nun muss er ein paar Jahrzehnte im Abklingbecken verbringen. Er stellt sich eine 39 Grad warme Badewanne vor, die er bis zum Lebensende nicht mehr verlässt. Alle Gifte und schlechten Säfte sickern aus dem Körper und werden vom Kühlwasser gebunden. Tick, tack, tick, tack. Irgendwann zerfällt man zu Staub, und deshalb kommt es genau genommen auf gar nichts an. Man macht sich kleiner und kleiner und immer kleiner, bis man vom Erdboden verschwunden ist. Oder legt sich in die Badewanne und lässt regelmäßig heiß nachlaufen. Vielleicht sollte er ein paar Tage nach Hause fahren, ist schließlich nur ein Katzensprung. Aber das wäre Flucht vor dem Gegner. Und wenn ihn seine gesammelten Lebensjahre auf diesem Planeten eines gelehrt haben, dann, dass man nicht weglaufen darf, niemals.

Was Breda wohl macht?

Der schließt gerade das Kabuff ab. «Ich geh ins Depot, kommen Se doch mit.» Hat sich der Weg also schon gelohnt.

Heute steht eine Single-Malt-Verkostung auf dem Programm. Der Whisky ist Roth eindeutig zu rauchig/torfig/streng. Breda gießt mit Apfelsaft auf. So geht's, so schmeckt's. Herrlich ist das, außerhalb der Reichweite der B 77 (klingt wie ein US-Langstreckenbomber), in der realen Welt.

«Was sind Sie eigentlich fürn Dokta?», fragt Breda.

«Jura. Ich bin spezialisiert auf Wirtschaftssachen.»

Unter *Wirtschaftssachen* wird sich Breda ja wohl was vorstellen können.

«Und privat so?»

«Wie privat?»

«Sind Sie vaheiradet zum Beispiel?»

«Seit einem Jahr geschieden.»

«Das is vernünfig. Und hassu Kinder?»

«Eine Tochter.»

«Wie heissi denn?»

«Fiona.»

«Ach so.»

«Und Sie?»

«Nee, ich hab keine Kinder. Nur 'ne Freundin.»

«Ach so, ja, die von der Kur.»

«Genau, Simone.»

Ein einziger Wahnsinn, das Gelaber. Wieso gibt er sich mit jemandem ab, dessen Niveau, Benehmen, einfach alles, er unmöglich gutheißen kann?

«So, ich muss dann mal wieder», verabschiedet sich Breda schließlich. Trotz Suff funktioniert er pünktlich und zuverlässig, da bleibt nie ein einziger Strandkorb ungedreht.

Roth holt sich beim Griechen einen *Hellasteller to go* und verzieht sich mit seiner Beute in einen Strandkorb. Herrlich, so ganz allein. Er interessiert sich durchaus für andere Menschen, verspürt allerdings nicht so recht den Wunsch, dazuzugehören. Ob man des Meeresrauschens irgendwann überdrüssig wird? Wahrscheinlich nicht. Eine schöne Aussicht nutzt sich schließlich auch nicht ab.

Am folgenden Morgen fühlt er sich wie immer; verkatert, müde, elend, groggy. *Jeden Tag muss man aufs Neue so tun, als wären die Probleme irgendwann lösbar.* Anstrengend.

Er stellt das Band an. Abgelenkt von zwei Eichhörnchen, die auf dem Nachbarbalkon herumtoben, stellt er das Band wieder aus. Wo kommen die denn auf einmal her? *Man müsste die blöden Viecher füttern, bis sie platzen.* Das halb Angefangene, Abgebrochene und gänzlich Unerledigte bereitet schlechte Gefühle, trotzdem macht er sich um eins wieder auf zum Kabuff.

Breda ist gerade durch mit der Arbeit und hat Zeit zum Plaudern. Wieder geht's ins Depot. Auf dem Weg dorthin kommt es Roth so vor, als würde ihn die heiße Luft zu Boden drücken wie eine Decke, unter der er nicht hervorkommen kann. Dabei weiß er, dass es nicht *nur* die Luft, sondern auch der Kopfschmerz ist, der ihn zu Boden drückt. Vielleicht sollte er sich eingestehen, dass Antriebslosigkeit und Trübsal nicht Ausdruck einer sensiblen Künstlerseele sind, sondern ein ganz gewöhnlicher Kater.

Band fünfundzwanzig von vierundvierzig an Tag achtundvierzig von neunzig, wenn er richtig gerechnet hat. Eingekerkert im selbst gewählten Exil, einem hässlichen Zementhaufen namens Niendorf. Niendorf, Timmendorfer Strand, Scharbeutz, Haffkrug, Sierksdorf, Siebzigerjahre-Schrottarchitektur, Bausünden ohne Charme und Schönheit. Er ist leer im Kopf. Er tappt im Dunkeln.

Ich habe meinen Großvater nie lachen sehen, es war, als ob der Ausdruck von Fröhlichkeit oder Freude ihm als Charakterschwäche gegolten hätte. Er ist der einzige mir bekannte Mensch, der stets von sich behauptet hat, keinen Humor zu besitzen.

(...)

Endgültig das Genick brach meinem Vater der Versuch, in die USA zu expandieren. Die viel zu hohe

> Verschuldung, die schwierige konjunkturelle Lage und sicher auch unternehmerisches Unvermögen sind die Faktoren, die aus heutiger Sicht zum Konkurs des Unternehmens führten.
> (...)
> Zum Ende hin hatte mein Vater vollkommen den Überblick verloren, er versuchte panisch zu retten, was nicht mehr zu retten war, verwischte Spuren und hoffte wider besseres Wissen, dass sich am Ende durch eine schicksalhafte Fügung doch noch alles zum Guten wenden würde. Er nahm die Dynamiken als finstere Macht wahr, die sich gegen ihn verschworen hatte, aber das stimmte einfach nicht. Am Ende ging alles ganz schnell. Mein Vater hat es nicht verstanden und ist nie darüber hinweggekommen.

Vielleicht sollte er sich eingestehen, der Aufgabe nicht gewachsen zu sein. *Jemand hat mir die Binde von den Augen abgenommen und gezeigt, dass es nichts zu sehen gibt.* Was wäre denn, wenn das Projekt scheitert? Eben. Nichts! Scheitern ist menschlich. Da er niemanden in seine Pläne eingeweiht hat, kann er sich auch schwerlich blamieren. So etwas wird nämlich erst dann real, wenn man jemandem davon erzählt. Wie Aktien, die man bei fallendem Kurs panisch abstößt.

Wenn es doch noch was werden soll, müsste er aus den Fakten, Informationen, Aufzeichnungen und Überlieferungen irgendwie etwas Originäres machen, etwas Eigenes in einem unverwechselbaren Ton, sich von Vater, Mutter und Onkel Karl lösen. Den Stoff freier gestalten, dem Ganzen Seele einhauchen, Emotionen. Emotional. Heutzutage ist ja alles emotional.

Und warum nicht gleich das Korsett der Tatsachen ganz hinter sich lassen? Wen schert die Wirklichkeit, wenn die Fiktion viel aufregender ist? Vorstellungsvermögen ist die vielleicht wichtigste Eigenschaft, die ein Autor mitbringen sollte.

Zusammenfassung: Die Lösung liegt auf der Hand; nicht der Alte, *er* ist der Schlüssel zum Erfolg! *Das ist es!* Was Breda dazu wohl sagt?

«Dann schreiben Sie gar keinen Krimi?»

«Hatte ich doch schon erklärt, so was Ähnliches. Ein erzählendes Sachbuch, aber *spannend* wie ein Krimi. Können Sie sich das vorstellen?»

Nein, sagt Bredas Gesicht. Kann er nicht, will er auch nicht. Bücher gehen ihn nichts an, Bücher versteht er nicht, Bücher sind nichts für ihn. Breda ist kein Mann, der Fragen stellt, er ist ein Mann, durch den das Leben hindurchrieselt, ohne dass etwas hängen bliebe.

«Sie können sich ja mal Gedanken darüber machen.»

«Mach ich.»

«Also, bis demnächst.»

«Gestern ist übrigens ein Grand Marnier Cuvée du Centenaire reingekommen. Mögen Sie Orangenlikör?»

AUF GAR KEINEN FALL! «Nein danke, ich muss mal eine Zeit lang ein bisschen kürzertreten mit dem Alkohol.»

In Bredas Gesicht steigt schwere Enttäuschung auf. Die untergehende Sonne leuchtet durch seine Ohrläppchen und verwandelt seine Schuppen in glühende Flocken.

«Ich werde mich die nächsten Tage zum Schreiben zurückziehen. Kann auch sein, dass ich zwei, drei Tage nach Hause fahre, Wäsche machen, Tapetenwechsel, ein wenig Abstand gewinnen.»

«Aber Sie kommen doch wieder? Oder wollen Sie uns verlassen? Ich dachte, es gefällt Ihnen hier. Die Wäsche kann *ich* doch auch für Sie machen. Service des Hauses.»

«Sehr freundlich, Herr Breda, aber ich komm schon klar. Und wenn ich *zwei oder drei Tage* sage, dann meine ich das auch so.»

«Da bin ich ja beruhigt. Wär ja auch schade drum, ist schließlich schon alles im Voraus bezahlt.»

Wenn Breda wüsste, wie egal ihm das ist.

«Wo gehen Sie eigentlich immer so essen?»

«Ich hol mir mcist was zum Mitnehmen bei Antonio.»

«Kennen Sie das Brimborium?»

«Brimborium? Was soll das sein?»

«Wie? Sie sind jetzt schon so lange hier und kennen das Brimborium nicht?»

«Muss ich wohl übersehen haben.»

«Wenn Sie mich fragen, das beste Restaurant in der Lübecker Bucht. Topqualität. Und ehrliche Portionen. Schräg gegenüber vom Meerwasserbad.»

«Danke für den Tipp. Vielleicht probiere ich das heute gleich mal aus.»

Kurz vor neun (Küche bis einundzwanzig Uhr) ist im Brimborium kaum noch was los. Das Niendorfer Publikum pflegt sein Abendessen zwischen sechs und sieben einzunehmen, jetzt warten nur noch zwei Seniorenpaare und eine vierköpfige Familie auf ihre Rechnungen. Der unverschämte Gast, der die Stirn hat, kurz vor Toresschluss das Personal aufzuscheuchen, wird feindselig beäugt. Als Querulant macht man sich in Niendorf keine Freunde!

Auf der Speisekarte geben sich sämtliche aus der Mode gekommene Nostalgiespeisen der Siebziger- und Achtzigerjahre ihr Stelldichein. Salate sind mit dem Vermerk «etwas Frisches vorweg» versehen, Fischgerichte kommen aus «Neptuns Reich», das gemischte Eis mit Sahne fällt in die Sparte «etwas Süßes hinterher». Ansonsten: Ratsherrenpfanne. Würzfleisch. Schnitzel. Für Vegetarier eine bunte Gemüsepfanne mit Käse- oder wahlweise Tomatensauce. Schmeckt bestimmt alles scheiße, denkt Roth, fades Essen, zubereitet von einfallslosen Händen. Was soll's; er entscheidet sich für Scholle «Finkenwerder Art» mit Krabben und Bratkartoffeln und einem kleinen gemischten Salat mit Joghurtdressing.

Die Bedienung ist jung, drall, dümmlich, irgendwie unverschämt und lädt zum Träumen ein. *Savina*, sagt das Namensschild an ihrer Bluse. Nach nur zehn Minuten serviert sie ihm eine riesige Riesenscholle, ein Fisch wie aus einer Sage; es muss sich um eine Züchtung oder Mutation handeln. Vielleicht sind die Schollen in der Lübecker Bucht doppelt so groß wie anderswo, denkt er, und: Wenn man die Kellnerin mit ihrem Arsch auf die Scholle setzen würde, würde es exakt passen. Das also versteht Breda unter einer *ehrlichen Portion*. Savina wünscht schlecht gelaunt einen guten Appetit. Geile Stimme, denkt Roth, irgendwo zwischen elektrisierend und aphrodisierend. Es will ihm nicht in den Kopf, dass sie ihn, den trotz leichter Abnutzungserscheinungen immer noch sehr attraktiven, auffällig gut gekleideten, interessanten, ja, geradezu mysteriösen Gast genauso lieblos behandelt wie jeden x-beliebigen Rentner. Er hält das Kinn etwas erhoben, wie es Männer im mittleren Alter gerne tun, und greift nach dem Besteck. *Wenn ich die ganze, große, dicke, fette Scholle wegputze, bin ich morgen früh noch erledigt*. Die obere Hälfte reicht dicke, bei der unteren ist eh die Haut matschig und das Fleisch glibbrig. Freiwillig Verzicht üben. Auf Griechisch heißt Askesis einfach nur Übung. Alles ist Übung.

Von wegen *schmeckt scheiße*: Der Fisch und die Krabben und die Bratkartoffeln und der Salat munden ihm so sehr, dass er beinahe noch die Serviette mit aufessen möchte. Er hat bereits das dritte *Gedeck* (kleines Bier / doppelter Aquavit) intus. Das hab ich mir verdient, denkt er sich. Womit? Savina und der Koch lungern am Tresen und warten erkennbar darauf, dass er endlich Leine zieht.

Irgendwie kommt er sich aber noch zusätzlich beobachtet vor. Er schaut aus dem Fenster und kann einen leisen Aufschrei nicht unterdrücken: Breda und eine Frau – wahrscheinlich seine Freundin Simone – grinsen und zwinkern ihm auf eine ganz grauenhafte Weise zu, sie verziehen ihre Gesichter wie die Schwachsinnigen. Die Frau hat etwa die Größe eines Hydranten, breit wie groß wie lang wie tief, sehr dick, außergewöhnlich dick, über alle *Maßen* dick, ihr Dicksein überschattet alles (mögliche) andere. Roth zuckt hilflos die Achseln. Sie klopfen gegen die Scheibe, erstickt und winzig dringen ihre Rufe durch das Fenster, wie Cartoonfiguren, die unter Glas hocken.

«Na, zu viel versprochen?», fragt Breda, als die beiden an seinem Tisch stehen.

«Ja, war tatsächlich gut. Und reichlich.»

«Siehste! Darf ich Ihnen meine Freundin vorstellen?»

«Ich bin die Simone», stellt Simone sich selbst vor.

Sie kommt Roth vor wie eine Gestalt aus dem Märchen. Der *Fisch* aus einer Sage, die *Frau* aus einem Märchen. Was für eine Kur die wohl gemacht hat? Sicher keine Fastenkur. Breda bestellt zwei doppelte Weinbrand und zwei große Bier.

«Sie auch noch was? Geht auf mich.»

Breda trägt zur Abwechslung mal kein T-Shirt, sondern ein hellblaues, kurzärmeliges Hemd, das riesig und kränklich lose an seinen Körper hängt. Stolz berichtet er, Simone über das Datingportal *Rubensfan* kennengelernt zu haben. Roth weiß gar nicht, was er darauf antworten soll, aber Breda lässt sich von seinem Schweigen nicht bremsen. Ja, nur für Kenner, die es gar nicht *mollig* genug haben können. Mollig ist gut, denkt Roth und sagt immer noch nichts. *Vollkommen verrückt, dass der mir das erzählt, peinlich, übergriffig.* Nach stundenlangem Chatten sei er noch in der Nacht nach Oranienburg gefahren, sagt Breda und zwinkert.

«Die Frischhaltefolie konnte langsam mal ab», giggelt Simone jetzt ghulenhaft. Ihr Doppelkinn wackelt dabei wie Pudding. Roth stellt sich vor, wie Breda gleich über sie hergefallen ist. Und nun besteigt der Rubensfan sie Nacht für Nacht für Nacht. Besteigen, passender Terminus technicus. Ein übrig gebliebener Mann, der sich mit einer übrig gebliebenen Frau zusammengetan hat. So sind die wenigstens nicht allein. Wie zu allen Zeiten: Die Frauen der Reichen sind schön, die Frauen der Armen dick oder hässlich oder beides. Wie Simone wohl mit fünfzig Kilo weniger aussehen würde? Schwer zu sagen, muss er erst mal sacken lassen und in Ruhe drüber nachdenken. Oder auch nicht.

Wenn Breda redet, zieht Simone den Kopf ein, sie duckt sich, damit sie seinen Worten nicht im Weg steht. Breda dreht auf, er erzählt irgendeinen Scheiß, einen richtigen Scheiß, er ist schon wieder so besoffen, dass er den Volume-Regler nicht mehr im Griff hat, er blökt, plärrt, brüllt, es klingt wie das Geheul eines Zombies auf der Suche nach seinem Grab. Simone: «HAHAHA, HOHOHO, HEHEHE.»

«SO, FEIERABEND.» Beherzt beendet Spielverderberin Savina die Untoten-Feier. Die lässt sich kein X für ein U vormachen, denkt Roth, wenn die sagt, dass Schluss ist, dann ist auch Schluss. Beeindruckend.

«Sorry, wir sind schon weg», sagt er. «Die Rechnung, bitte!»

«Zusammen oder getrennt?»

«Alles.»

«Wirklich? Na, danke schön.» Breda ergreift Roths Arm und neigt sich ihm verschwörerisch zu. Man glaube es kaum, aber in Niendorf gebe es *abseits des touristischen Geschehens* noch einiges zu entdecken. Nur ein paar Hundert Meter Luftlinie sei der Spinner, dort pfeife man auf Etikette, dort, wörtlich: boxt der Papst im Kettenhemd.

«Die einen sagen rustikal, die anderen sagen geil.» Breda zwinkert heftig. Simone kneift bei dem Versuch, ebenfalls zu zwinkern, gleich beide Augen zusammen. Das sieht vielleicht aus. *Auf gar keinen Fall gehe ich mit diesen Leuten in eine Alkoholikerkaschemme.*

«Heute nicht. Morgen muss ich früh hoch.»

«Der Krimi? Lassen Se doch mal locker.»

«Schön wär's.»

«Na gut, aber nächsmal. Wirs sehn, das gefälldida.»

Roth hat sichtlich Mühe hochzukommen. Roth hat sichtlich Schwierigkeiten, sich in sein Jackett zu fummeln. Roth hat sichtlich Probleme damit, geradeaus zu laufen. Breda muss ihm unter die Arme greifen. «Na! Geht's?» Roth lässt sich widerstandslos nach Hause führen. «Morgn kommsu mit», verabschiedet sich Breda. «Tschüslimüsli», sagt Simone. Geduzt werde ich jetzt auch schon, denkt Roth. So geht es nicht weiter. Er muss den Kontakt abbrechen, radikal und endgültig.

Trotz mittelschwerem Kater ist er am nächsten Morgen endlich mal guter Dinge. Er weiß jetzt schließlich, wie es geht, er muss es nur noch aufschreiben! Der schriftstellerische Durchbruch, das Autoren-Coming-out unter der

Schirmherrschaft der Gruppe 47. Zur Feier des Tages wird er sich ein Fischbrötchen gönnen. Seit dem Ankunftstag hat er keins mehr gehabt. Melanie ist längst vergessen, da kann er eins essen, oder zwei. Er leert zwei Flaschen Sprudelwasser, holt sich bei der Ostseeräucherei ein Lachs- und ein Krabbenbrötchen, dazu einen Coffee to go. Das frühstückt er alles auf dem Balkon und beobachtet dabei das Geschehen auf der Promenade. Ein hinkender Mann überholt einen anderen hinkenden Mann. Als das Manöver beendet ist, dreht sich der Sieger um und grüßt freundlich, als wolle er sich beim Besiegten, besser: zweiten Sieger!, entschuldigen. Roth ist berührt von diesem Zeichen schlichter Menschlichkeit. Durch die Kraft dieser kleinen Geste strahlt die Sonne heller, und die Vorstellung, dass alle Menschen Brüder sind, erfüllt sein Herz mit Freude. So was gibt es überall, man muss nur hinschauen!

Wie war das noch mal? Sich vom Vater und von dessen lebloser, erkalteter Sprache emanzipieren, einen eigenen Ton finden. Macht nicht erst eine unverwechselbare Intonation den wahren Schriftsteller aus? Er spürt den *Sound* schon in sich und stellt sich vor, dass das Buch bereits fertig existiert, inklusive Vorwort und Quellennachweisen abrufbereit in irgendeiner *Cloud* liegt und er es lediglich *runterladen* und auf Papier bannen muss. Zum ersten Mal spürt er einen leichten Sog. Der setzt nämlich erst ein, wenn man auf dem richtigen Weg ist.

Jedes Mal, wenn er an der Gedenktafel vorbeikommt, verweilt er kurz, ja, fast andächtig. Vermutlich ist er seit Jahren der einzige Tourist, der sich für die Gruppe 47 interessiert. Schätzungsweise jeder Tausendste nimmt die Tafel wahr, schätzungsweise jeder Fünfzigtausendste macht sich die Mühe, den Text bis zum Ende zu lesen.

Die Lesungen, von Chef Hans Werner Richter anmoderiert, dauerten maximal dreißig Minuten, mit direkt sich anschließender Kritik, während der die Vortragenden den Mund zu halten hatten, selbst härteste Verrisse mussten still erduldet werden. Wer murrte, wurde nicht wieder eingeladen. Gewinnerin Ilse Aichinger, die sich mit ihrer Spiegelgeschichte gegen Walter Jens durchsetzte, löste von den zweitausend Mark Preisgeld den im Pfandhaus eingelagerten Wintermantel ihrer Mutter ein.

Angeblich. Fabel, Legende, immerhin eine ganz originelle. Eine weitere handelt davon, wie der Verleger Ernst Rowohlt ein von der Firma Osram gespendetes Paket von dreihundert Glühbirnen ersteigerte, noch neunhundert Mark drauflegte und die ganze Gesellschaft am Abschlussabend freihielt. Glühbirnen, denkt Roth, darauf muss man erst mal kommen.

Das extra für die Tagung renovierte Hotel Kasch, Strandstraße 123, wurde 1990 abgerissen, das Jahr, in dem sich auch die Gruppe 47 auflöste. Der Abriss des Hotels bedeutete den Todesstoß für die Siebenundvierziger (klingt moderner, wie 49ers, Niendorf 47ers vs. San Francisco 49ers). Alles hängt mit allem zusammen, und Niendorf ist der Dreh- und Angelpunkt.

Nach drei Stunden *netto* hat er sich eine Pause verdient.

Wie wäre es mit einem Mittagstisch im Döner Haus? Mittagstisch, wie Früchtebaum, Bohnenkaffee, Sommerferien, Zuckerbäcker, Brückentag ein positives, lebenszugewandtes, dazu noch deutsches Wort. Am Mittagstisch wird er sich den kulinarischen Zugang zur Welt des Döners erschließen. Döner, Croques, Nudelsalat, Bananen-Hackfleisch-Pfanne, Würstchengulasch und Fünf-Minuten-Terrinen, schon mal gehört, niemals gekostet, go for it.

Archipel Gulag Das Istanbul Döner Haus macht den deprimierenden Eindruck eines Schnellimbisses, der bald schon als Pennertreff von sich reden machen wird. Zudem ein Fremdkörper im schnieken Niendorf. Die Alten kann man von ihren Schnitzeln nicht mehr loseisen, Junge gibt es nicht, Ausländer schon gar nicht. Niendorf scheint eine komplett ausländerfreie Zone zu sein.

Nix los im Döner Haus. Er studiert die Karte: Döner Tasche, Döner Teller, Döner Box, Iskender Döner. Dürüm Döner klingt irgendwie am schmackhaftesten. Der Chef (Chef *und* Inhaber, so was sieht man) ist rothaarig, kantig, knochig, wikingerartig, der stammt sicher nicht aus Istanbul.

«Einen Dürüm Döner bitte.» Aus dem Ü macht er ein Ö, er stellt sich irgendwie vor, dass das die korrekte Artikulation ist: DÖRÖMDÖNA. «Ist das so richtig ausgesprochen?»

Des Wikingers große Ohren stehen so weit ab, dass sie seine Augen ein wenig auseinanderzuziehen scheinen.

«Wie, ausgesprochen?»

«Ach egal.»

Der Chef öffnet die Tür zur Küche und gibt mit kehliger Nordmännerstimme die Bestellung auf. Wie zur Antwort huschen mehrere Katzen hinaus, denen ein Hund folgt, eine schmutzig-braun-graue Promenadenmischung. *Wo Hunde und Katzen zu Hause sind, fühlen sich auch Mäuse und andere Schadnager wohl.* Roth stellt sich einen winzigen Mann, einen Zwerg, vor, der in der dunklen Küche tagein, tagaus Döner-Spezialitäten zubereitet, die Tiere helfen ihm dabei. Tiere halten sich aus Mitleid in der Nähe von Menschen auf, sie wollen ihnen beistehen, weil die Menschen ihnen leidtun. Hund, Katze, Maus, Spinne, Made, Ameise. Döner mit Joghurtsauce und Mist machendem Kleinvieh. Endlich öffnet sich eine Klappe, und der in Aluminiumfolie verpackte Türkenschmaus wird hinausgeschoben.

«6,95. Noch was zu trinken dazu?», fragt der Chef.

Da Chef und Zwerg und das ganze Döner Haus mit ihren nicht vorhandenen Gästen und Bestellungen und Außer-Haus-Lieferungen Umsatz bitter nötig haben, beschließt er, sie durch eine Getränkebestellung zu unterstützen.

«Eine Apfelschorle.»

Der Chef öffnet die Klappe und brüllt ins Loch.

«Eine Apfelschorle.»

Stille. Der Ruf verhallt. Vielleicht zum allerersten Mal

in der noch kurzen Geschichte des Döner Hauses äußert ein Gast einen Getränkewunsch.

«Wo ist das denn?», antwortet ein dünnes, hohes, fisteliges Stimmchen. Ein Zwergenorgan, lag Roth also richtig.

«Geh an den Kühlschrank ran, da ist DAS TRINKEN.»

Klötergeräusche, Schabgeräusche, Quietschgeräusche.

«Ich kann das nicht finden.»

«Ist auch nicht so wichtig», sagt Roth und legt einen Zehn-Euro-Schein auf den Tresen. «Stimmt so. Tschüss.»

Er schafft gerade mal die Hälfte. Zu fettig, zu mächtig, und wer sich mittags schon den Bauch vollschlägt, darf sich nicht wundern, wenn die Arbeit hakt. Also, wo waren wir stehen geblieben? Gleich springt der Motor wieder an. Sehr gut. Aha, denkt er, hab ich mich *eingegroovt*. Immer erst mal *eingrooven*. Bei anspruchslosen Themen ist man augenblicklich *drin*, bei anspruchsvollen kann es eben, wie in seinem Fall, ein paar Wochen dauern.

> Hoffe, Sie kommen mit der Arbeit gut voran. Wir gehen heute in den Spinner, und da wollte ich fragen, wie es bei Ihnen so aussieht. Simone würde sich auch freuen. Grüß, grüß, Breda

Schönen Dank für die Einladung, aber zur Abwechslung möchte er heute mal nicht in die düftelnde, pilzbefallene Welt des Wabbels, Fusels, Schimmels, der Eiflecken und ungeschnürten Schuhe abtauchen, in der man ungeniert popelt, furzt, rülpst und sich den Saft übers Kinn laufen lässt. Er schickt eine SMS retour.

Hallo, Herr Breda, vielen Dank für das nette
Angebot, aber bis auf Weiteres
(besser als *die nächsten Tage*)
bin ich bis über beide Ohren voll mit Arbeit.
Grüße, Roth

Stattdessen macht er es sich alleine gemütlich. Mit einer nur leichten *Klebe* ist es auf der Seebrücke viel schöner als voll besoffen. Am Horizont lösen sich Himmel und Erde zu einer einzigen Farblosigkeit auf, die Nacht wird schwarz, undurchdringlich schwarz.

Die ganze Woche läuft so gut, dass er sich eine *Freizeiteinheit*, sprich: einen Sonntagnachmittagsspaziergang, gestattet. Nach Travemünde. Über das Brodtener Ufer hin, mit dem Taxi zurück.

Mittags sind es bereits 29 Grad, sirrende, flirrende Sommerstille liegt über der Lübecker Bucht. Er hat schon eine dreistündige Arbeitseinheit auf der Habenseite und gönnt sich bei Rühmlings Ostseeräucherei die erste Mahlzeit des Tages; Rührei mit Tomaten, Zwiebeln und Schnittlauch. Sonntag ist Eiertag, wie früher als Kind. Die Ostseeräucherei, ja, ganz Niendorf flimmert in der heißen Luft. Ein barfüßiger Junge hüpft auf Zehenspitzen, weil die Steine so heiß sind, dass er sich sonst verbrennen würde. Er ist ganz muskulös und sieht aus wie ein Miniatur-Bodybuilder.

Den Weg über das Brodtener Ufer muss er sich mit Myriaden von Greisenradfahrern teilen. Schrecklich, diese Rentner. Er stellt sich vor, sein Rachen wäre wie der eines

Komodowarans, mit tödlichen Bazillen verseucht. Wenn er einen Rentner bisse, würde er ihm einen kleinen Vorsprung gewähren, die Witterung aufnehmen, ihn verfolgen und schließlich zur Strecke bringen. *The Pensioner Biter.*

Der Ausblick von der Steilküste auf die Lübecker Bucht ist grandios. Über der Ostsee metallisches Blau, Möwen leuchten im Sonnenlicht. Eine Wolkendecke zieht sich in dünnen Fetzen auseinander wie Papier, das sich von der Flamme wegrollt. *Geschlagene fünf Wochen hat es gebraucht, bis ich endlich hier gelandet bin.*

Im Erlebniscafé Hermannshöhe macht er eine Pause, sein Mund ist schon ganz mehlig vom Durst, die Spucke klebrig, dicht und schneeweiß. Zwei Männer am Nebentisch trinken alkoholfreies Weizenbier. Roth hat noch nie alkoholfreies Weizenbier getrunken, nur mal gehört, das sei bei großer Hitze genau das Richtige. Was er nicht schon alles an kulinarischen Erfahrungen gemacht hat in der kurzen Zeit. Die gilt es in den Alltag später hinüberzuretten. Einer der Männer sieht Jeff Bezos verblüffend ähnlich, ein geltungssüchtiger, geballter, kleiner Mann mit Glatze und ohne Skrupel, Baseballmütze mit nach hinten gedrehtem Schirm. Sein teigiger Freund ist aus der Form geraten, man sieht ihm das sich über Jahre dehnende Nachlassen an, seine Schultern sind breit, aber sie haben eine degenerierte Schlaffheit. Kleine, dicke Babyhände, weichliches Allerweltsgesicht, das aussieht wie ein Pudding aus öden Urlaubserinnerungen; einer, an den man sich nicht einmal erinnert, wenn man ihn zum zweiten oder dritten Mal trifft, schwer fassbar, wie Gelee. Ein richtiger *Pflaumenaugust,* denkt Roth.

Bezos ist Chef, wie im richtigen Leben. Es geht um Autos. Dass es so was heutzutage noch gibt, denkt Roth und freut sich über die Aussicht, Augen- und Ohrenzeuge eines astreinen Arschlochgesprächs zu werden. Sein Wunsch erfüllt sich. Bezos ist einer, der «gern schnell fährt, Punkt». Das sei eine der letzten Freiheiten, die aber den gegängelten, reglementierten und unter einer unendlichen Last von Verboten, Vorschriften, Verordnungen und allen möglichen anderen Begriffen, die mit V beginnen, leidenden Bürgern auch noch genommen werden soll. Genau deshalb habe er mit einem gleichgesinnten Unternehmerfreund unlängst die Initiative STOP TEMPO 130 gegründet.

«Aha. Echt?» Wusste Pflaumenaugust noch gar nichts von.

«Doch, doch!»

Deutschland sei ein wundervolles Land, vom Ausland für die Freiheit beneidet, wenigstens auf ausgewählten Autobahnstrecken freie Fahrt genießen zu dürfen, die Autobahn sei deutsches Kulturgut und Alleinstellungsmerkmal. Das «unbegrenzte Tempolimit», wie Bezos in problematischem Deutsch erläutert, sei ein *deutscher Grundsatz*. Es gebe nämlich keinen *legitimen Grund*, langsam zu fahren, wenn die Bahn frei ist. Freude am Fahren sei ein *Grundrecht*, ab und zu wenigstens will er die Freiheit genießen, so schnell zu fahren, wie es ihm passt.

So geht es weiter im verqueren Arschlochdeutsch: Das

Tempolimit ist reine Symbolik, die kaum Effekte für die Umwelt bringt, außerdem gibt es bereits jede Menge *künstlicher Tempolimits* durch Staus und Baustellen. «Nenn mir einen einzigen sachlichen Grund, Tempo 130 einzuführen, nur einen einzigen!» Pflaumenaugust fällt keiner ein. Er sieht aus, als hätte er lange nicht geduscht und ein paar Tage in seiner Kleidung geschlafen. «Gibt keinen!» Verantwortungsvolles Schnellfahren sollte möglich sein und ist auch möglich. Höchstes Risiko ist die Smartphone-Benutzung am Steuer, fertig. Wo kann man denn im deutschen Ballungsraum tagsüber noch schnell fahren? «Nenn mir eine Stadt, nur eine einzige!» Pflaumenaugust fällt schon wieder keine ein. Seine fahlen, feuchten Augen wandern unruhig umher. Ganz begeistert erzählt Bezos, wie er am Wochenende, wenn die Autobahn frei ist, sich in seinen 911er setzt, ein unbeschreibliches Gefühl sei das, wenn die Tachonadel an der Zweihundertfünfzig kratzt, besser als Sex. Wenn Arschlöcher vergleichen, ist das zu Vergleichende stets *besser als Sex*, andere Vergleiche haben sie nicht auf der Pfanne.

«In Litauen, wo die Höchstgeschwindigkeit im Sommer auf 130, im Winter auf 110 begrenzt ist, ist die Zahl der Toten mit 5,3 Toten bei 1 Milliarde Autobahnkilometer doppelt so hoch. Und jetzt kommst du!» Zahlen über Zahlen. Pflaumenaugust kann da nur staunend «Tja» sagen.

«Wenn Geschwindigkeit das Problem wäre, müssten wir alle nur noch Tempo 30 fahren.»

«Tja.»

«Seit Neuestem setzt sich bei mir in der Gegend ’ne Bürgerinitiative für Tempo 80 ein, Totschlagargument Lärmschutz. Nie protestieren die Einfamilienhaus-Spießer gegen irgendwas, nur wenn sie selbst betroffen sind.»

«Tja.» Ergänzt von haha, also: «Tja, haha.»

Bezos schnäuzt sich mit seiner Serviette und wirft sie auf den Boden. Ein Eichhörnchen schnappt den soeben vollgerotzten Knüddel und springt in fließender Bewegung einen Baumstamm hinauf.

«Sollen die Spießer doch umziehen, wenn sie das nicht abkönnen.»

«Tja, haha.»

«Die wollen einen Abschnitt nach dem anderen regulieren, bis Deutschland stillsteht. Was kommt als Nächstes? Komplettes Auto-Fahrverbot?»

«Tja, haha.»

«Langsamfahrer, Am-Steuer-Schläfer und Links-kleben-Bleiber, Trödler und Träumer müsste man ganz aus dem Verkehr ziehen.»

Genau, denkt Roth und setzt seinen Weg fort. Der Ausflug endet im Maritim Strandhotel. Das allgemein zugängliche Restaurant ist ganz oben im fünfunddreißigsten Stock, von wo aus man einen herrlichen Rundumblick bis weit über die Lübecker Bucht genießen kann. Er bestellt noch ein alkoholfreies Weizenbier.

In der Regel schafft er jetzt täglich fünf, manchmal sechs, einmal sogar sieben Seiten. Bei der abendlichen Flasche Wein (das Pensum, das er sich – bei absolutem Schnapsverbot – erlaubt) hat er zumindest das *Gefühl* des Gelingens. Mangel ist die jedem Genuss vorhergehende Bedingung, jedem Vergnügen muss der Schmerz vorhergehen. Das schlechte Gewissen, das wie ein Tumor mit seinem Gehirn verwachsen zu sein schien, hat sich offenbar abgemeldet. Abgeschaltet. (Vorübergehend) außer Betrieb. Ein echter Fortschritt. Immer unzufrieden, immer genervt, immer gehetzt war gestern. Er horcht ganz tief in seine molekulare Welt hinein, hört das Bersten der alten, kaputten Zellen und Gewebstrümmer, spürt das Entstehen neuer Zellen, spürt, wie sein Körper Abwehrstoffe gegen den Trübsinn produziert, Breitbandantitrübsinns-Antikörper.

Auf Bredas Nachrichten antwortet er entweder gar nicht mehr oder er sendet Emojis. Totale Unverschämtheit, aber was soll's. Als es einmal an der Tür klingelt, öffnet er nicht. Breda schiebt einen Zettel untendurch: WENN SIE WAS BRAUCHEN, MELDEN SIE SICH. HANDTÜCHER UND BETTWÄSCHE SIND MAL WIEDER DRAN. GRUSS, BREDA. Gruß, Breda. Statt des dämlichen GRÜSS, GRÜSS. Der traut sich auch nicht mehr, ihn ins Depot einzuladen; Abfuhren kassiert niemand gern. So darf es bleiben bis zur Schlüsselübergabe am 31. 8., wobei sich selbst da der direkte Kontakt umgehen ließe. Roth wird den Schlüssel einfach in den Briefkasten schmeißen, und gut ist.

Am Samstag drauf, es ist der 23. Juli, legt er seinen ersten echten Strandtag ein. Strand-, Faulenz- und Lesetag. Elf Sonnenstunden (Vorhersage) Müßiggang, selbst das Handy bleibt im Apartment. Statt Bildschirmflimmern analoges Leseerlebnis; Alexander Solschenizyns *Archipel Gulag*, Klassiker, wollte er schon immer mal lesen. Jahrzehntelange Gefangenschaft im eisigen russischen Straflager, im nördlichsten Zipfel Sibiriens, unerträgliche Folter bei fauligem Wasser und madenverseuchter Kohlsuppe – genau die richtige Lektüre für heiße Tage.

Bevor Breda seine abendliche Runde macht, ist er längst weg. Herrlich heute, windstill, der strahlend blaue Himmel nur von Kondensstreifen durchzogen und mit Möwen getröpfelt, entferntes metallisches Schlagen einer Bootsglocke, die Strandkörbe mit geräuscharmen Rentnern belegt. Seine direkten Nachbarn, ein knödelrundes, ganz vom Fett umschlossenes Diamant-Hochzeits-Paar mit vergnügten Buttergesichtern, sitzen in ihrem Korb wie Mopswelpen. Ein ebenfalls recht dicker Mann liegt mit dem Gesicht nach unten im Sand, als wäre er aus den Wolken herabgeplumpst. Ein Kindersommer, glutheiß und endlos.

Als am frühen Nachmittag eine Gruppe junger *Girls* aufläuft, ist es mit der Ruhe vorbei. Da die sich keinen Strandkorb leisten können, fläzen sie sich auf ihre Badetücher. Gleich nach dem Eincremen nehmen sie ihre Boombox in Betrieb. Normalerweise laufen bei *jungen Heranwachsenden* ja TODAY'S TOP HITS / CHILLOUT SESSIONS / HIP HOP, aber deren Playlist heißt PARTYHYMNEN, Ballermann-Suffmusik der untersten Kajüte. Sie liegen (chillen) stumpf in der Sonne wie Erwachsene, mit dem Unterschied, dass sie Cola Zero statt Whiskey Sour trinken.

Da hat das rote Pferd sich einfach umgekehrt
und mit seinem Schwanz die Fliege abgewehrt.

Terrorisieren mit ihrer Bumsmusik den ganzen schönen, ruhigen Alte-Leute-Strandabschnitt. Die gehören doch gar nicht hierher, die gehören nach Timmendorf oder Travemünde oder Scharbeutz oder gleich nach Sylt.

Die Fliege war nicht dumm,
sie machte summ, summ, summ
und flog mit viel Gebrumm ums rote Pferd herum.

Niemand protestiert. Jetzt nicht ausrasten, versucht er sich zu beruhigen, war doch so schön gerade alles, er wird sich von den Scheißteenies die Stimmung nicht vermiesen lassen. Cool erst mal down! Er geht ins Wasser, schwimmt eine Runde, setzt sich dann wieder in den Korb und beobachtet die Störenfriede.

Vier Mädchen. Vier Backfische. Eine Beauty, ein Pferdemädchen, etwas Langes und ein dickliches Entlein. Beauty hat ein nahezu perfekt symmetrisches Gesicht, das helle Haar so blond, dass es fast durchschimmernd wirkt, makellose Kniescheiben (selten), die blauen Augen von erstaunlicher Ausdruckslosigkeit. Der Körper vollkommen, strahlend vor Gesundheit, eine, die sogar nach Seife riecht, wenn sie aus der Sauna kommt. Mit ihrer Jugend, Schönheit, Gesundheit und Biegsamkeit kann sie all ihr fehlendes Wissen wettmachen. Sie könnte die jüngere Schwester von Savina sein, ihr in jedem einzelnen Punkt eine ganze

Klasse überlegen. Wenn sie älter ist, das weiß sie, wird sie noch mehr Spaß haben, sich noch schöner fühlen, von noch interessanteren Menschen umgeben sein und noch mehr erleben. Sie weiß eben noch nichts von ihrer Austauschbarkeit, ihrer ununterscheidbaren Ähnlichkeit mit Zigtausenden, die genauso schön und sexy sind wie sie.

Pferdemädchen hat ein außergewöhnlich langes Gesicht, als hätte jemand sehr lange und sehr fest daran gezogen. Wie alle Pferdemädchen hat sie ihre Haare zu einem Pferdeschwanz gebunden; ein nüchternes, humorloses, sportliches Geschöpf, kräftig, als spielte sie Wasserball auf Bundesliganiveau. Die blauen Augen wie durchscheinende Murmeln, hart, glänzend, unzerbrechlich. In ihrem Gesicht ewige Windstille, von Kopf bis Fuß der Typ, der alles überlebt.

Die Lange misst sicher eins 85 und hat, wie viele hochgewachsene Mädchen, eine schlechte Haltung vom ständigen Gebücktgehen. Ihr größter Wunsch ist es, etwas kleiner zu sein, eins 77, wenn man sie fragen würde.

Das Entlein hat ein gelbes, dummes Gesicht voller Aknespuren. In ihrem schlappen Badeanzug sieht sie aus wie eine zerquetschte Nektarine. Schlaffe Arme, schlaffer Mund, schlaffer Blick, die käseartigen, schweren Lider auf halbmast. Weil sie aussieht, wie sie aussieht, fühlt sie sich im Badeanzug sehr unwohl. Vielleicht ist sie die Schwester oder Cousine von irgendjemandem, eine, die man aus Mitleid mitnimmt und dann irgendwo vergisst.

Beauty malt sich die Lippen an, entfernt den überflüssigen Lippenstift mit einem Taschentuch und fragt das Pferdemädchen, ob man «zu Hause» in einem Wort schreibt oder in zweien. Weiß die auch nicht. Google doch mal. Nächstes Thema Körperteilvergleich. Beauty findet ihre Lippen, den Hals und die Augenpartie gut, aber die Knie schrumpelig. Oben hui, unten pfui. Das Pferdemädchen leidet unter ihren angeblich knotigen Füßen. Jedes zweite Wort ist *eklig* oder *gruselig*. Die Lange beteiligt sich nicht an der Diskussion, und die Dicke sowieso nicht. Wenn die erst einmal anfangen würde, herrje.

Langsam wird es im Wasser zu kühl. Ohne sich abzutrocknen, geht er rüber zu den Mädchen. Beauty und Pferdemädchen sind so vertieft in die Videoclips auf ihren Handys, dass sie ihn nicht wahrnehmen, die Lange döst mit geschlossenen Augen vor sich hin, nur die Dicke schaut ihn ängstlich an.

«Entschuldigung, könnt ihr die Musik ein wenig leiser stellen?»

Aus der Nähe ist ihre Haut grob wie ein Sieb, die kleine Nase, gnubbelig wie eine Chorizo-Wurst, zittert aufgeregt.

«Oder woandershin gehen, wo ihr niemanden stört?»

Sie scheint nicht zu begreifen, was er will. Hilflos zieht sie das Pferdemädchen am Bein.

«Was ist denn?»

«Der Mann da.»

«Ja, was ist denn?»

Der Mann da steht da und wiederholt sein Anliegen wortwörtlich. Das Pferdemädchen dreht die Musik *etwas* leiser.

«So?»

«Habt ihr keine Kopfhörer dabei?»

Das Pferdemädchen verdreht genervt die Augen (neben neutral ihr zweiter Gesichtsausdruck) und stellt die Musik ganz aus. Er kehrt zurück zu seinem Korb. Das Handy der Langen klingelt. Sie verschwindet zum Telefonieren in den Dünen. Als sie zurückkommt, ist sie vollkommen fertig, wie elektrische Schläge schütteln Weinkrämpfe ihren Körper. Klarer Fall von Liebeskummer. Die anderen trösten sie:

«Der ist doch sowieso ein Arsch.»

«Sei froh, dass du ihn los bist.»

«Der hat eine wie dich doch gar nicht verdient.»

Schadenfroher und einfallsloser kann Trost nicht ausfallen. Die Lange kriegt sich nicht ein, Tränen verschlieren ihren Blick. *Die Tränen, die man in der Jugend vergießt, sind nur die Vorahnung derjenigen, die Tränen von Blut sind,* denkt er und muss selber lachen über den pathetischen Quatsch.

Als wären sie hergebeamt, taucht unversehens eine Gruppe *Boys* auf, Skaterboys, Surferboys, Spitzenboys jedenfalls. Schlank, trotzdem muskulös, austrainiert eben, braun gebrannt, weiße Zähne, klare Augen; als wären sie einer Zuchtanstalt entsprungen. Der Anführer sieht aus wie ein südamerikanischer Rennfahrer aus den Siebzigerjahren. Auch die haben sich verlaufen, müssen Niendorf mit einem Hotspot verwechselt haben. Plötzlich ist alles aufgeladen mit unausgesprochener Geilheit. Die Mädchen verwandeln sich in Vögel und recken ihre gefiederten Köpfe, Beautys Blicke bohren sich wie spitze Splitter in den Unterleib des Rennfahrers, um ihn an seiner empfindlichsten Stelle zu treffen. Doch die Boys gehen auf das Gebalze nicht ein, das haben die gar nicht nötig, sie bewegen sich nämlich in ganz anderen Sphären. Grabs! Flips! Grinds! Sie *feiern das Leben* und wollen aus der begrenzten Jugendzeit, die ihnen zur Verfügung steht, das Maximum rausholen. Die Girls stehen weder auf ihrer Abschuss- noch auf einer anderen Liste.

Nach einer Weile scheinen die Boys zu begreifen, dass sie am Rentnerstrand falsch sind, und ziehen weiter, ohne die Mädchen eines einzigen Blickes gewürdigt zu haben. Beauty kann es nicht fassen, so was ist ihr noch nie passiert. Die Dicke lacht, wie Dicke lachen, glucksend, vielleicht findet sie den Gedanken tröstlich, dass auf Surf- und Skateboards, E-Scootern, Jetskis und anderen Idiotenschüsseln überdurchschnittlich viele *Boys* verunglücken. Savinas schöne kleine Schwester packt ihre Sachen zusammen, die anderen machen es ihr nach.

«Los, kommt», sagt Beauty.

«Wohin denn?»

«Weiß nicht. Erst mal weg hier.»

Richtig, denkt Roth. Ihm zieht die Melodie von «Marina, Marina, Marina» (Schlager, Rocco Granata, 1959) durch den Kopf, allerdings in einer von ihm überarbeiteten Version:

Savina, Savina, Savina.
Dein Chic und dein Charme, der gefällt.
Savina, Savina, Savina,
Du bist ja die Schönste der Welt.
Wunderbares Mädchen,

Bald sind wir ein Pärchen.
Komm, lass mich nie alleine,
Oh no, no, no, no, no!

Er bekommt Lust, mal wieder ins Brimborium zu gehen. Überhaupt war er schon ewig nicht mehr auswärts essen. Ein kleiner Flirt wird Savinas Feierabend versüßen. Vielleicht hat sie sich ja schon gefragt, wo er bleibt.

Von wegen: Savina, kaugummikauend, in arbeitsverweigernder Körperhaltung, schwer genervt, dass er schon wieder die Stirn hat, sie kurz vor Toresschluss zu behelligen. *Dann sollen die ihren Scheißladen doch schon um 20.30 dichtmachen.* Es macht ihn aber irgendwie scharf, wie sie ihm die kalte Schulter zeigt. Und Kaugummi kaut bei der Arbeit. Und was weiß ich noch. Alle halbe Stunde eine raucht, heimlich am Chatten ist, mit dem Koch flirtet. *Genau mein Typ, dumm, ordinär, antiintellektuell, unnahbar und rattenscharf.* Er stellt sich vor, dass sie seine Mätresse wird, sein stets verfügbares *Ostsee-Escort.*

«Einmal die Brimborium-Fischsuppe und dann den Niendorfer Pannfisch.»

«Vielleicht noch ’ne Nachspeise?!»

Ganz schön kiebig, das Flittchen.

«Hatte ich auch schon überlegt. Ist der hausgemachte Brownie zu empfehlen? Ach Quatsch, keine Angst, nehm ich.»

Savina federt in die Küche. Geil sieht sie aus, von hinten wie von vorn. Sie ärgert sich über ihn, er beschäftigt sie, also wird sie ihn so schnell nicht vergessen. Immerhin. Er stellt sich vor, wie die Gedanken an ihn unaufhörlich in ihr arbeiten. *Morgen gehe ich wieder, ich gehe so lange ins Brimborium, bis was passiert.*

Jeden Tag kommt er ein Stück voran. Er hat jetzt einhundertsechzig Seiten auf der Habenseite. *Das kann mir keiner mehr nehmen.* Wenn es in dem Tempo weitergeht, kann er Niendorf bald schon auf Nimmerwiedersehen den Rücken kehren. *Herzlichen Dank der Gruppe 47 für den Support aus dem Reich der Toten.* Mittags bereitet er sich einen Obstsalat zu; mal was anderes, Frisches, Gesundes. Erdbeeren, Bananen, Ananas, Nüsse, Rosinen, Honig. Er pellt eine Orange, die pockennarbige Haut, die lockeren weißen Fäden, die die Frucht netzartig überziehen. Ein Saftspritzer trifft beißend sein linkes Auge.

Savina geht ihm nicht mehr aus dem Kopf. Vielleicht ist sein Begehren eine Art Urlaubsvariante dessen, was man gemeinhin *knastschwul* nennt: Wenn hundertprozentige Heteros nach Jahren des Zwangszölibats homosexuelle Neigungen entwickeln. Knastschwul – strandgeil.

Auf dem Weg ins Brimborium beobachtet er einen alten Mann und seinen alten, arthritischen, hängebäuchigen Hund. Der Alte, sicher über achtzig, schleppt sich, das linke Bein nachziehend und dabei eigenartig runde Bewegungen vollziehend, mühsam vorwärts. Alle paar Meter bleibt er stehen, offenbar leidet er unter der berüchtigten Schaufensterkrankheit. Der Hund, ihm in kurzem Abstand folgend, ahmt den Gang seines Herrchens in jeder Einzelheit nach: Runde Bewegungen, die linke Hinterpfote nachziehend, bleibt er immer genau dann stehen, wenn auch das Herrchen eine Pause einlegt. Wie synchronisiert setzen sie sich auch wieder in Bewegung. Mensch und Tier, ein echtes Team, zusammen alt geworden, so kümmert sich der eine um den anderen bis zum Schluss.

Heute, so sein Plan, will er lediglich etwas trinken, um Savina milde zu stimmen. Er bestellt ein Gedeck (Bier/Aquavit), zwinkert ihr zu, raunt, dass sie ihn bitte *rausschmeißen* soll, wenn Feierabend ist. In seinem Gesicht ein unwillkürliches Grinsen, das er erfolglos in ein Souveräner-Erfolgsmensch-Lächeln zurückzuverwandeln versucht. Sie reagiert mit einem spöttischen, lang gezogenen «Okay?». *Ihr* Lächeln ist eines, das man sich für Kranke aufhebt oder welche, die nicht mehr ganz dicht sind. Dann wendet sie sich brüsk ab, als würde er sie schon seit Stunden belästigen. Dumme Kuh. Vielleicht hat sie auch nicht verstanden, was er ihr sagen wollte, dass es nämlich eine ironische, wiewohl rücksichtsvolle Geste ist. Oder hat sie seine Absichten durchschaut? Savina mit ihrem ganzen Instinkt und ihren erprobten Bumsheini-Antennen und ihrer angeborenen Bauernschläue ist lange genug im Geschäft, um einen geilen von einem ungeilen Bock zu unterscheiden.

Der Koch kommt aus der Küche geschlurft und stellt sich neben sie an den Tresen. Bauchansatz, krumme Waden, sein Pfannkuchengesicht ein undurchdringliches Gewand von Blödheit. Ganz nahe stehen sie beieinander. Sind die etwa ein Paar? Bitte nicht! Er bestellt noch eine Runde, zahlt und begibt sich mit den Getränken auf die Terrasse. Hatte er richtig getippt: Nach ein paar Minuten verlässt sie das Brimborium und geht rechtsherum, Richtung Meerwasserbad. Das wollte er wissen. Er schaut ihr hinterher, bis sie in der Dunkelheit verschwunden ist. Federnder Gang, gute Haltung. Vielleicht ehemalige Turnerin.

Buddelbude

Hallo, Papa. Hab gehört, du bist in Niendorf. Wir sind bis übermorgen gleich nebenan in Timmendorf. LG Fiona

Ein plötzlich heranrauschendes Schwindelgefühl erfasst ihn, augenblicklich verkrampfen seine Kiefermuskeln. Er hatte Stefanie gebeten, niemandem zu verraten, wo er ist, und damit in erster Linie ihre gemeinsame Tochter gemeint. Ausgerechnet Fiona, ausgerechnet jetzt, ausgerechnet hier. Seit einem Jahr hat er nichts von ihr gehört, und so hätte es auch gerne bleiben dürfen. Wie immer wird sie Geld wollen; ein besonders enger Engpass, Rückzahlungsstockungen, Verbindlichkeitstrouble, erdrückende Passiva, eine wie stets *unverschuldete* Notlage, in die sie mal wieder geraten ist.

Fiona ist, man (er) muss es leider so sagen, missraten. Verkorkst. Und zwar *grundlegend* verkorkst. Irgendwas ist schiefgelaufen; beim Genroulette die Null erwischt, unbekannter Defekt, seltene Störung, verwobener Webfehler. Unausstehlich mit zwei, unsympathisch mit vier, unerträglich mit acht, zum Kotzen mit sechzehn. Mit elf hat sie gemeinsam mit ihrer besten Freundin Jill (verrückterweise wollte Stefanie Fiona einen Doppelnamen geben, Fiona-Jill; nur mit Mühe hatte Roth sie davon abbringen können) eine Katze in die Luft gesprengt. Sie steckten dem armen Tier Böller in die Ohren und in den Po, weil sie wissen wollten, wie das aussieht, wenn ein Lebewesen stirbt. Die strafunmündigen Mädchen kamen mit einer Ermahnung davon, Jill hat sich nach der *Aktion* wieder gefangen, kurz darauf ging die Freundschaft in die Brüche.

In den unendlichen Weiten von Fionas Gehirn müssen jede Menge Synapsen verschmurgelt sein, und jetzt fahren die Transmitter Achterbahn. Arrogant, selbstgerecht, humorbefreit und dauerbeleidigt glaubt sie, das Universum existiere einzig und allein zu dem Zweck, ihre Bedürfnisse und Wünsche zu erfüllen; im Laufe der Jahre wuchs ihr Missmut, bis er so umfassend wurde, dass kein Kraut mehr dagegen gewachsen ist.

Einzig in einem ungefähr ein halbes Jahr währenden Zeitfenster, auf der Schwelle zwischen Kindheit und Pubertät, schien sich alles zum Guten zu wenden. Eine geradezu atemberaubende Verwandlung vollzog sich innerhalb nur weniger Wochen, ein neuer Mensch brach aus ihrer harten Schale hervor. Missgunst, unterirdisch schlechte Laune, Anspruchsdenken verflogen, und zum Vorschein kam die Tochter, die er sich immer gewünscht, auf die er sehnsüchtig gewartet hatte: entspannt, begeisterungsfähig, feinfühlig, aufgeschlossen und LUSTIG. Die Belohnung für das jahrelange frühe Aufstehen und Zur-Schule-Gebringe, das Schuhebinden, die schlaflosen Nächte, die quälenden Stunden als Hausaufgabenbeistand, das Erdulden der Stimmungsumschwünge, die im Dreimonatstakt wechselnden, sündhaft teuren Hobbywünsche, die Dummheiten, die ewig gleichen, zu nichts führenden Diskussionen um nichts. Alles vergeben und vergessen. Es war wie in dem Film «Zeit des Erwachens», in dem Patienten, die seit Jahrzehnten an der als unheilbar geltenden *europäischen Schlafkrankheit* litten, durch Gabe eines neuen Medikaments plötzlich erwachen, um nach einigen Monaten und dann für alle Zeiten doch wieder zurück in ihren komatösen Zustand zu versinken.

Und so saß er nach einem knappen halben Jahr am Frühstückstisch wieder seiner Feindin gegenüber. Vielleicht *die* Enttäuschung seines Lebens. Als sie in der Pubertät das Mondkalbstadium erreichte, als aus ihr ein übergewichtiges, pickeliges Wesen wurde, die Verhässlichung sie noch unerträglicher machte, fiel endgültig der Vorhang zwischen ihnen. Stefanie und er haben sich jede erdenkliche Mühe gegeben, sie mit Liebe und Zuwendung überschüttet, sie gefördert, Verständnis für alle Kapriolen, Verirrungen und Verwirrungen bezeigt, eine Therapie nach der anderen bezahlt, ihre Schulden beglichen, für sie gelogen, sie in Schutz genommen. Lange hat er sich gequält, jetzt ist die Schuldfrage geklärt: Ihn trifft keine, und er lässt sich auch keine einreden. Die väterliche oder auch nur allgemeine Sympathie ist versiegt und ausgetrocknet, er empfindet sein Vatersein als ein nie endendes, lebenslanges, unendlich zermürbendes Unterfangen.

Mittlerweile – im September wird sie einundzwanzig – sieht sie wieder ganz gut aus. Hautunreinheiten und fettige Haare sind verschwunden, Zähne gerichtet, die Proportionen auf wundersame Weise zusammen- und zurechtgeschrumpft; geblieben ist ihr ausladender Hintern, auf den sie allerdings mächtig stolz ist, weil er ihr schon oft Vergleiche mit ihrem großen Vorbild Kim Kardashian beschert hat. Sie empfindet es als Kompliment, als *Bitch* bezeichnet zu werden, und ihr Lieblingssatz lautet: «Sag nichts gegen Kim Kardashian, sonst bist du tot.»

Hallo, Papa, Fiona noch mal. Gelesen hast du die
Nachricht ja. Wäre ganz nett, wenn du dich mal
meldest. LG Fiona

Die Strategie, auf ihre Nachrichten entweder gar nicht oder in immer länger werdenden Abständen zu antworten und irgendwann überhaupt nicht mehr, hat sich bislang ganz gut bewährt.

Ich kann sonst morgen einfach nach Niendorf
kommen, ich finde dich schon.

Offenbar braucht sie *sehr* dringend Geld. Wenn er ihr eines zutraut, dann, dass sie tatsächlich so lange sucht, bis sie ihn gefunden hat: Am Hafen von *Lost Place Zombietown* im Kreis fahrradbehelmter Rentner Fischbrötchen verzehrend; vorm Meerwasserbad, saufend mit Breda; in seinem rachitischen Apartment Aug in Aug mit der Revox. Daddy ein Total-Loser. Das darf nicht passieren. Er muss sich etwas einfallen lassen.

Hallo, Fiona. Kennst du die Buddelbar in Timmendorf? Kurz hinter dem Sea Life. Da können wir uns treffen, morgen 15.00.

Klasse. Bis morgen.

An der Promenade vom Timmendorfer Strand reiht sich Luxusgeschäft an Luxusgeschäft; TD ist ein Ort, an dem man ausschließlich Unnützes bekommt. Er ist eine halbe Stunde zu früh. Hoch über der Ostsee kreisen Möwen auf den klaren Luftkissen des Nachmittags, sie fliegen so hoch, dass kein Laut zu hören ist.

Die Buddelbar ist okkupiert von einer Horde Motorradfahrer, fröhlichen, aus allen Nähten platzenden Fettsäcken mit grauen Bärten und pissefarbenen Mähnen, mit sich, der Welt, ihren hässlichen Weibern und ihren Scheißkarren im Reinen. Das ist das Leben, denken die Biker, nackt und roh, wild und frei.

Hier ist alles voller Arschlöcher. Lass mal verschieben.

Würde er am liebsten schreiben. Er ist ganz ausgehöhlt von der Aussicht, sie zu treffen. *Ach egal, ich werde die Begegnung einfach durch mich hindurchspülen lassen.*

Da kommt sie ja, zehn Minuten zu früh. Ordinär sieht sie aus, wie ein mittelpreisiges Escort. Ob andere Männer ebensolchen Widerwillen beim Anblick der eigenen Kinder empfinden? Er wäre gerne eine Vogelscheuche aus Stroh mit dem bösen Gesicht, bei deren Anblick sie sofort die Flucht ergreift. Seit wann hat sie denn einen Hund? Ihr Freund (falls es noch derselbe ist), die viertel- bis halbkriminelle Karikatur eines Gangsterrappers, hat sich in sicherer Entfernung auf eine Bank gesetzt und wartet, bis Fiona ihrem fettsteißigen Knallchargendad die Kohle aus den Rippen geleiert hat.

«Hallo, Papa.»

Er steht auf und gibt ihr die Hand.

«Hallo, Fiona. Was willst du trinken?»

«Cola Zero. Darf ich ’ne Pizza bestellen?»

Du kannst dir gerne eine Pizza bestellen, wenn du sie von deinem eigenen, zweifellos sauer verdienten Geld bezahlst. Würde er gerne sagen, doch noch muss er seine Kräfte schonen.

«Ja.»

Ihre falschen Wimpern sehen aus wie eine Reihe abgebrannter Streichhölzer, lang und schwer mit Mascara beladen. Die Louis-Vuitton-Tasche, zweifellos eine Fälschung, hat etwas unsagbar Jämmerliches.

«Das ist übrigens Ramon.»

Der Hund ist nicht nur unglaublich klein, sondern auch

unglaublich abstoßend, als wäre seine einzige Verteidigung die Hässlichkeit. Ein richtiges Stinktier. Ramon rollt sich unter dem Tisch zusammen. Er sieht aus wie eine Bratwurstschnecke.

«Ach so. Ja. Was ist das denn für eine Rasse?»

«Eine Mischung aus (*Bla* und *Blubb*).»

Von den Rassen hat er nie zuvor gehört, er vergisst die Namen auf der Stelle.

«Du wolltest ja schon immer einen Hund haben.»

«Genau. Was treibst du hier eigentlich so?»

«Nichts weiter. Paar Tage Urlaub, bevor der neue Job losgeht. Der da hinten auf der Bank, ist das nicht dein Freund?»

«Ja, das ist Tarek.»

«Hätte ja auch mal Hallo sagen können.»

Der Hass blitzt aus ihren Augen, weil er sie in Verlegenheit gebracht hat. Aber noch muss sie sich zusammenreißen.

«Der muss noch was organisieren. Wir drehen nächste Woche ein Video.»

«Was meinst du mit wir?»

«Ich manage Tarek.»

Das darf nicht wahr sein. Fiona hat die Schule nach der neunten Klasse abgebrochen, sämtliche Ausbildungen abgebrochen, fängt ständig etwas Neues an, das sie nie zu Ende bringt, sie ist außerstande, ihre Möglichkeiten realistisch einzuschätzen, wendet sich konsequent und instinktiv *immer* dem Falschen zu. Jetzt ist sie also *Managerin* (Euphemismus ist gar kein Begriff) eines geltungssüchtigen, begriffsstutzigen Rappers, dessen Problem neben der Talentlosigkeit auch sein Alter ist: 30, in Worten: DREISSIG!!

Fiona betet die clicks und clacks und ticks und tags und snaps und flows und tweets und retweets und likes und streams und counts von Tareks Followern herunter, mehrere Fantastillionen kommen da zusammen, allein die schiere Menge müsste locker den *Breakthrough* bedeuten.

Die Begegnung dauert noch keine zwanzig Minuten, scheint sich aber schon ewig hinzuziehen, eine grausame, endlose Geduldsprobe. Jedes dritte Wort mega, krass, geil, lecko mio, das Vokabular der Ich-will-Fun-Szene, Sätze werden ersetzt durch Knallwörter, vielleicht das ganz neue Ding, geht auch, geht besser, schneller.

Die Fettsäcke haben gezahlt und besteigen ihre fetten Sackmaschinen. Der Donner von zwanzig röhrenden, dröhnenden und heulenden Motorrädern trommelt wie eine Faust auf seiner Brust. Los geht's! Vandalen, die brandschatzend und mordend weiterziehen.

Obwohl Ramon so klein ist, produziert er Unmengen an Sabber, der halbe Buddelbar-Außenbereich ist bereits kontaminiert. Fiona schlingt die Pizza Salami mit großem Appetit hinunter. Roth stellt sich den Brei aus Salami, Käse, Teig, Gewürzen und Tomatensauce in ihrem Mund vor, wie sich die Speiseröhre beim Schlucken zusammenzieht und das Verdauungsgut in den Magensack herunterpresst. Er kann den Blick nicht von ihrem Dekolleté abwenden, dabei hat er keineswegs inzestuöse Gedanken, sondern nur eine für ihr Alter ziemlich tiefe Runzel entdeckt. Vielleicht braucht sie das Geld für eine Schönheits-OP. Ramon bellt und bettelt und knabbert an Fionas Sneakers.

«Gleich gibt es was, Süßer.»

Genau. Wenn Hein Daddel den Zaster rausgerückt hat. Und damit ist sie beim Thema. Ob er ihr neunhundert *leihen* (selbstverständlich hat er noch nie etwas zurückbekommen) könne. Er hatte sogar mit mehr gerechnet. Wofür, fragt er unverschämterweise.

«Führerschein.»

Die dummdreisteste Lüge *ever.* Ihr Augenwinkel zuckt, wenn sie nicht die Wahrheit sagt. Das konnte sie noch nie kontrollieren.

«Gut.»

«Echt? Geil. Danke, Papa.»

Sie war auf einen härteren Fight eingestellt. Er zückt sein Portemonnaie.

«Mist, ich hab vergessen, Bargeld einzustecken. Kannst du eben die Rechnung übernehmen? Kriegst du am Automaten gleich wieder.»

Sie macht unauffällig Daumen hoch in Tareks Richtung. Er spürt ihre Erregung. Gleich!

«Irgendwas stimmt nicht», sagt er, nachdem er länger auf der Tastatur des Automaten rumgeklimpert hat.

«Wie, da stimmt was nicht?»

«*Heute keine Auszahlung möglich*, ich hab's schon zweimal probiert.»

«Hast du 900 eingegeben?» Ihre Stimme klingt schon leicht panisch.

«Ja.»

«Dann probier doch 500 und dann noch mal 400.»

«Meinst du?»

Er stellt sich absichtlich dumm. Ramon liegt schon wieder in einer Speichelpfütze. Gleich ist er ausgelaufen.

«Geht auch nicht.»

«Und weniger? 300?»

Ramon schnüffelt zwischen Roths Beinen herum.

«Keine Ahnung, was da los ist.»

«Ist dein Konto denn nicht gedeckt?»

Er tut so, als wäre er senil und müsste erst mal überlegen.

«Doch.»

«Soll *ich* mal probieren?»

«Fiona, ich kann das schon.»

Ihr kommen jetzt tatsächlich die Tränen.

«Ich ruf bei der Bank an. Morgen schick ich dir gleich eine Nachricht.»

«Kannst du das nicht *jetzt* checken?»

«Die haben keine Sprechstunde mehr ...» – Sprechstunde, haha. Die zweitdummdreisteste Lüge ever – «... Sobald ich Bescheid weiß, bekommst du Bescheid. Wird schon.»

Jetzt musste sie sogar ihre Pizza selber bezahlen. Was für ein Scheißtag.

An Arbeit ist heute nicht mehr zu denken, an nichts ist heute mehr zu denken. Er mixt sich eine Cola Rum und setzt sich auf den Balkon. Ein paar Schwäne fliegen dicht über der Promenade. Die Bewegungen ihrer ausladenden, schweren Flügel erzeugen ein schwingendes Sirren wie von einem Generator. Auf dem Nachbarbalkon zur Linken plärrt leise, aber vernehmlich der Hausfrauensender NDR 1 Schleswig-Holstein Welle. *Jetzt sind da welche.* Mieter, Urlauber, Feriengäste, mit anderen Worten: Störenfriede, Eindringlinge, Unruhestifter. Auch das noch. Nie im Leben hätte er damit gerechnet, dass nach der scheinbar immerwährenden Totenruhe in der Wohnung nebenan ein derartiger Höllenlärm ausbrechen könnte. Von den Vormietern, wenn es denn welche gab – vielleicht hatte die Wohnung bislang auch leer gestanden – hat er nie etwas mitbekommen, und nun, er sieht es schon kommen, wird er all seine Kräfte aufbieten müssen, die Krawallschwestern und -brüder in die Schranken zu weisen. Die Balkone sind durch dickes, trübes Milchglas voneinander getrennt. Er nimmt Aufstellung und legt sich schon mal passendes Vokabular zurecht:

RUHE IM PUFF!

JETZT IST DER BOCK LANGSAM FETT!

MAUL HALTEN UND SCHLAFEN GEHEN!

ABER SUBITO!

Das ist die Sprache, die SOLCHE verstehen.

«Joanna, geboren, um Liebe zu geben …» Das ist doch niemals Zimmer-, geschweige denn Balkonlautstärke. Dieser *After Sun Party* ein sofortiges Ende zu setzen fiele eigentlich in Bredas Aufgabenbereich; der könnte die Entgleisung zum Anlass nehmen, die Erholungssuchenden, die eben keine Erholung, sondern Rambazamba suchen, stante pede vor die Tür zu setzen oder gleich mit Base-

ballschlägern aus dem schönen Niendorf zu prügeln. Ihn überfällt rauschhaft Hass in einer Intensität, vor der er sich selbst erschreckt. Erstaunlich, was da alles in einer unbekannten Schmelze tief in ihm drin existiert. Ein Korken ploppt. *Jetzt fangen die auch noch das Saufen an, halleluja!* Nur eine Frage der Zeit, bis sich der Lautstärkepegel von 40 Dezibel (Bücherei; geringe Geräuschentwicklung) über 70 (Staubsauger in einem Meter Entfernung; Krach) bis 90 (Dieselmotor; Radau, Getöse) in ohrenbetäubende Grenzbereiche (130 plus; startender Düsenjäger) schraubt. Seine Züge verkrampfen vor Wut. Was sind das für Menschen? Rücksichtslose! Von keinerlei Unrechtsbewusstsein durchdrungen, schambefreit, missachten sämtliche Regeln des zivilisierten Miteinanders: Man trifft sie mit Junkfood im Gesicht auf der Straße, in Geschäften, auf Parkplätzen, in der Warteschlange, im Kino; wenn sie telefonieren, dann brüllend, sie beanspruchen auf Gehwegen so viel Raum, dass sie andere Passanten verdrängen oder ihnen das Überholen verunmöglichen. Dabei zeichnet das den Passanten doch aus: *Passieren und passieren lassen.* Menschliches, rücksichtsvolles, versöhnliches Benehmen hält eine Gesellschaft im Innersten zusammen, aber davon haben diese Leute noch nie etwas gehört. Falls man den Mut aufbringt, sie auf ihr Fehlverhalten hinzuweisen, erntet man Hohn und Spott, wird als *Spaßbremse* diffamiert. Er formt mit den Fingern eine Pistole, legt den Zeigefinger an die Schläfe und formt mit den Lippen ein Peng-Geräusch. Früher hat er Menschen verachtet, die wegen Lappalien die Contenance verlieren, jetzt gehört er selbst dazu. Aus Gründen! Das Blut pulsiert durch seinen Kopf, wummert in den Ohren. Reiß dich zusammen! Nerven bewahren, durchatmen, runterkommen. Na gut, heute Abend lässt er den lieben Gott einen schlechten Mann sein, gestattet den Rücksichtslosen ihre Party. Der Klügere gibt nach, cool down, Segel streichen. Aber sollten die das noch einmal wagen ...

Der Fernseher flackert wie Mündungsfeuer. Fernsehen, denkt er, ist Niederlage, das Eingeständnis von Scheitern. Auf *Comedy Central* jagt eine Zeichentrickdogge eine Zeichentrickkatze durch ein Zeichentricklabyrinth. Die Dogge erwischt die Katze, dreht ihr den Hals um und schleudert sie kilometerweit ins All. Die überdrehte Handlung entfaltet eine geradezu psychedelische Wirkung. Er mixt sich einen zweiten, stärkeren Drink, schaut abwechselnd auf den Fernseher und aus dem Fenster. Dort versinkt gerade die Sonne hinter weichen, lila und rosarot gesäumten Wolken, und die Zeichentricktiere stellen im schwindenden Licht die verrücktesten Dinge an. Er schwitzt, dass ihm das Salz in den Augen brennt, die Säure der Wut und der Ohnmacht frisst in ihm, und ein plötzliches, starkes Augenjucken dehnt sich durch hypochondrische Fantasie auf den ganzen Körper aus. Eine durch Lärm verursachte psychosomatische Beschwerde! Sein Kiefer bebt gleich wieder. Wer ist er denn, dass er klein beigibt! Ein seltsames, hohes Keuchen dringt aus seiner Kehle wie Bockwurstdampf, er stürzt auf den Balkon. Das sind 70 Dezibel, mindestens (vorbeifahrender Zug, Gewitter, Rasenmäher).

SO, DAS HABT IHR JETZT DAVON: Mit voller Wucht schmettert er sein schweres Longdrinkglas auf den Boden. Sofort wird drüben das Radio abgestellt. Er meint die Schockstarre auf der feindlichen Seite körperlich zu spüren. Augenblicke später erscheint an der seitlichen Balustrade das erschrockene Gesicht einer etwa siebzigjährigen Frau, zart, klein, zerbrechlich wie ein vertrocknetes Insekt.

«Entschuldigung. Waren wir zu laut? Wir sind vorhin erst angekommen. Wenn wir zu viel Krach machen, sagen Sie es. Kommt nicht wieder vor.» Sie deutet eine leichte Verbeugung an, winkt ihm schüchtern zu.

«Was ist denn, Mariechen?» Eine Männerstimme, dünn und hoch. Roth, vollkommen perplex, ist zu keiner Reaktion fähig.

«Können Sie uns noch mal verzeihen?» Ein Lächeln erblüht auf ihrem Gesicht, eines, dem er nichts entgegenzusetzen hat. Entwaffnend, wenn er denn bewaffnet wäre, was zum Glück nicht der Fall ist. Der Zorn entweicht aus Roth wie Luft aus einem Ballon. Wie konnte ich nur?, denkt er und errötet, ganz benommen von diesem Ansturm von Freundlichkeit. Er lächelt zurück, es ist die Parodie eines Lächelns, aber immerhin.

«Nicht weiter wild. Dann herzlich willkommen und schönen Aufenthalt.»

«Danke», sagt die Frau, «auf gute Nachbarschaft.»

Als er nach ein paar Stunden verwirrt, orientierungslos und demoralisiert erwacht, ist es dunkel. Tick, tack, tickende Stille, wie eine Larve im Bienenstock versinkt er im Summen. Von den neuen Nachbarn nichts mehr zu sehen und zu hören, wie Pilze, die nach dem Regen sprießen und gleich schon wieder im Erdboden verschwunden sind. *Ich bin ganz allein*. Er sehnt sich danach, mal wieder umarmt, gewärmt, mit lieben Worten bedacht zu werden.

Hallo! Falls Sie nichts vorhaben, ich bin den ganzen Abend im Depot. Kommen Sie gerne vorbei. Grüß, grüß, Breda

Sein Retter in der Not. Breda ist der einzige Mensch auf der ganzen Welt, von dem er nicht nur erduldet, sondern auch erwünscht ist.

Gern! In einer halben Stunde bin ich da.

Zwanzig Minuten später steht er schon am Depot.

Durch die geöffnete Tür dringen Schmatzer, Seufzer, Schnalzer, Rülpser, Stöhner, gestammelte und verschluckte Laute. Gierig wie eine Wildsau verschlingt Breda einen Döner-Teller. Klarer Fall von Säuferhunger, hat den ganzen Tag gesoffen und nichts gegessen.

«Entschuldigung, ich bin gleich fertig», lallt Breda. Der Saft läuft ihm das Kinn herunter und verklebt die Finger. Es ist kein Klang mehr in seiner Stimme, nur noch ein monotoner und nach Kehlkopfentzündung klingender Singsang, ein katarrhverdächtiges Röcheln.

«Lassen Sie sich nicht stören.»

Breda sieht aus wie eine Schnecke, die jemand gegen

eine Wand geworfen hat und die nun in Zeitlupe zu Boden gleitet. Zwischen seinen auf- und zuklappenden Lippen hängt ein Dutzend zitternder Speichelfäden, am Rand seines Weinglases kleben Speisereste.

«Ich hab richtig Hunger. Schon lange nicht mehr solchen Hunger gehabt.»

«Guten Appetit.»

Was mache ich hier? Wie konnte ich freiwillig die Gesellschaft dieses abgerissenen Viechs suchen, eines eifleckigen, eine Geruchsspur hinter sich herziehenden Freaks? Zwischen den Bissen kratzt sich Breda unter den gelb verfärbten Achselhöhlen seines T-Shirts. Er trägt weiße Turnschuhe, in denen er wie ein mörderischer Krankenpfleger oder ein Irrer auf Freigang wirkt; einer, der gerade aus der Anstalt davongelaufen ist und weiß, dass ihm nicht viel Zeit bleibt, bis sie ihn wieder eingefangen haben.

«Es war vielleicht doch keine so gute Idee, so spät noch vorbeizukommen.»

«Ach was, spät, bleiben Sie ruhig hier.»

Breda springt auf, holt eilfertig Cola und Rum und stellt alles auf den Tresen.

«Ich ess eben auf. Mach dir doch was fertig.»

Den permanenten Wechsel zwischen *Sie* und *Du* kennt Roth nur von Supermarkt-Mitarbeiterinnen.

«Ich hab heute geschuftet, bis mir die Eingeweide rausgehangen sind», sagt Breda und schiebt den Teller beiseite. Ein unverschämtes Feixen entstellt seine Gesichtszüge.

«Hahahaha, weißt du was?»

«Nein.»

«Leer gewichst und vollgefressen.»

Breda stößt eine Reihe grotesker Laute aus.

«Misstraust du einem Menschen, dann stell ihn nicht ein. Stellst du ihn aber ein, misstraue ihm, hahaha.»

Nicht nur sein Körper, auch sein Gesicht hat Schlagseite. Eine blähbäuchige Froschmajestät aus dem Urschleim, von den eigenen Faulgasen an die Oberfläche getrieben.

«Die sollten sich mal den Kopf aus dem eigenen Arsch schrauben lassen.»

«Wer?»

«Alle eben, Dr. Roth, alle. Die sollten sich den Kopf aus dem eigenen Arsch schrauben lassen, hahaha.»

Er führt sich auf, als hätte er noch nie von Manieren und Anstand und Benehmen gehört; eine dumme Sau, lallend, spuckend, sich in die Hose pissend, ein Penner mit Kochplatten auf dem Toilettenspülkasten. *Man müsste ihn gewaltsam zur Demut schleifen.*

«Danke für den Drink. Ich verzieh mich dann mal wieder. Morgen fahr ich übrigens für ein paar Tage nach Hause.»

Beschließt er spontan. Den neuen Nachbarn entrinnen, Breda entrinnen, der B 77 entrinnen, Niendorf entrinnen.

«Nach Hause? Was willst du da? Da gibt es nichts.»

Wahnsinn.

Westenmann Es mag sein, dass es da nichts gibt, aber davon muss er sich selbst überzeugen. Gleich morgens um acht sucht er seine Schmutzwäsche zusammen und macht sich auf den Weg.

Was willst du da? Da gibt es nichts.

Bredas unverschämte Bemerkung hallt in ihm nach. Von wegen nichts, es gibt sogar eine ganze Menge. Den Nachmittag wird er in seinem schönen, großen, von Bäumen beschatteten Garten verbringen, am Abend Freunde treffen. *Was für eine schöne, ruhige Gegend, in der wohnen zu dürfen ich das Privileg habe.* Bescheidenheit. Demut. Genügsamkeit. Was für ein schönes, großzügiges, geschmackvoll eingerichtetes Haus. Was für ein schöner, großzügiger, gepflegter Garten. Das Sonnenlicht bewirkt gerade eine nahezu vollkommene Balance von Licht und Schatten. Die Bäume stehen einfach da, unbeweglich, eine Existenz, weit älter als irgendetwas. Denkt er, vor sich ein Glas eisgekühlter Limonade und den Laptop. Er ist vollkommen unabhängig, frei von Terminen, Gesprächen, Verpflichtungen aller Art. *Man kann es drehen und wenden, wie man will, Freiheit und finanzielle Unabhängigkeit sind doch die höchsten Güter.*

Sein Handy pingt.

Hast du jemand bei der Bank erreicht? LG Fiona

Die dumme Nuss gibt's ja auch noch.

Kompliziert zu erklären. Hängt mit der Umschuldung (denkt er sich spontan aus) zusammen. Ich komme gerade so eben über die Runden.
Hab deshalb auch den Urlaub abgebrochen und bin jetzt wieder zu Hause. Bitte um etwas Geduld.
Was ist denn mit deiner Mutter?

Es kommt keine Antwort mehr. Hat ihr also auch Stefanie den Geldhahn zugedreht. Das will was heißen.

Er macht eine Trommel fertig.

Er wählt das Programm *Pflegeleicht 40 Grad* (heutzutage braucht es nur noch bei allerhartnäckigsten Verschmutzungen eine 60- oder gar 90-Grad-Wäsche).

Er stellt die Waschmaschine an.

Er geht nach oben und entnimmt der Gartentruhe eine Pferdedecke und ein Sitzkissen.

Er nimmt auf dem Gartenmöbel Platz.

Er stellt das Telefon aus.

Er klappt den Laptop auf.

Er schließt die Augen und versucht sich zu konzentrieren.

Was willst du da? Da gibt es nichts.

Breda hat recht. Aber nicht nur das, der Faden ist gerissen. Das eingeschlummerte Virus des Scheiterns ist wieder aktiv geworden. Jetzt nur die Ruhe! Gleich fällt der Groschen. Bis dahin Recherche Gruppe 47:

Die zweiundzwanzigjährige Klagenfurterin Ingeborg Bachmann, Tochter eines österreichischen Nationalsozialisten, und der sechs Jahre ältere Czernowitzer Jude Paul Celan, dessen Eltern von den Nazis ermordet wurden und der der eigenen Deportation nur entkam, weil er sich freiwillig zur Zwangsarbeit meldete, begegneten sich im Mai 1948 in Wien, wo sie eine Affäre begannen. Bachmann schrieb, dass sich «der surrealistische Lyriker Paul Celan» «herrlicherweise» in sie verliebt habe und das ihrer «öden Arbeiterei etwas Würze» gebe. Allerdings bleiben dem Liebespaar nur sechs Wochen, da Celan zurück nach Paris muss.

Auch nach dem Ende ihrer Liebesbeziehung (Celan verlobt sich in Paris mit der Französin Gisèle Lestrange) halten sie Kontakt, Celan hatte die Einladung nach Niendorf in erster Linie dem hartnäckigen Antichambrieren Bachmanns bei Hans Werner Richter zu verdanken. Sein Auftritt allerdings geriet zum Desaster. Celan las die «Todesfuge», seinen Trauergesang auf die ermordeten Juden, mit einem Pathos, das nicht gut ankam. Hans Werner Richter verstieg sich, so schrieben Zeitzeugen später, zu der unseligen Bemerkung, Celans Vortrag sei «Singsang wie in einer Synagoge» gewesen und der Tonfall habe ihn an Goebbels erinnert. Eine Ungeheuerlichkeit, die Celan Richter nie verzieh. Ilse Aichinger und Ingeborg Bachmann, in Tränen aufgelöst, brachten Richter schließlich dazu, sich zu entschuldigen. Immerhin belegte Paul Celan hinter Ilse Aichinger und dem zweitplatzierten Walter Jens Platz drei, Ingeborg Bachmann ging leer aus.

Dann stößt Roth noch auf die Schnurre, dass Heinrich Böll von Richter zunächst für einen Handwerker gehalten wurde («Der sah aus wie ein Elektriker, der was reparieren will»). Das zumindest wäre *ihm* nicht passiert.

Eine Meise oder Amsel oder ein Rotkehlchen klagt *gigigogo*, immer langsam anschwellend, dann abfallend und leise schluchzend. Gleich piept die Waschmaschine, und er kann sie erneut befüllen.

Wieder pingt das Handy.

Tut mir leid wegen gestern. Weiß auch nicht, was mit mir los war. Grüß, grüß, Breda

Ich schon, denkt Roth.

Hoffe, Sie haben nicht wegen mir die Flucht ergriffen. Wissen Sie schon, wann Sie wiederkommen? Wenn Sie wünschen, bringe ich zwischendurch die Wohnung auf Vordermann.

Mach doch, was du willst.

Die Stille ist wie eine Last, die jederzeit herabfallen könnte. Er braucht Gesellschaft. Er nimmt das Telefon wieder in die Hand und verschickt eine SMS an insgesamt neun Empfänger.

Liebe(r) ... Bin am Wochenende in der Stadt. Hast du heute zufällig Zeit?

Jetzt einen Kaffee. Die Siebträgermaschine ist kaputt. Er macht sich im Keller auf die Suche nach der ausgemusterten Filterkaffeemaschine. Staubig, schmutzig, klebrig, aber funktionsfähig. Ein gutes Omen.

Piep, piep, piep. Er hängt die Wäsche auf und macht die nächste Maschine fertig, diesmal *weiße Wäsche*. Er räumt auf. Er saugt Staub. Er wirft einen Blick aufs Telefon; drei Absagen und keine Zusage. Er klappt den Laptop auf. Gleich geht's los! Das Koffein wird ihm helfen, seine Gedanken in Fluss zu bringen. Die Filtermaschine hat den Kaffee in der Zwischenzeit zu braunschwarzem, ölig-fettigem Teer zerkocht. Schlechtes Omen.

Ein Vollbad wäre jetzt herrlich. Endlich mal wieder ein Vollbad in der frei stehenden Mineralguss-Luxusbadewanne statt der schnellen Niendorfer Plastikbebrausung im Mini-Duscheck. Das Wasser wird zu Weihwasser, es wird den Alkohol, die Gerüche, Spuren, Absonderungen in etwas Reines verwandeln. Gleich lässt er sich das Bad ein. Heiß/Kalt. Ein heißes Bad und ein eiskaltes Bier. Eine eiskalte *Dose* Bier. Das Geräusch des Reißens und des prickelnden Gases ist unendlich beruhigend. Seine Glieder sind wie aus Plastik, schwerelos und so leicht, als wären sie vom Körper getrennt. Für einen kurzen Augenblick ist er ohne Verlangen, ohne Ehrgeiz, ohne Wünsche. Die Badewanne ist so tief wie der Atlantische Ozean, wo riesige, stumme Fische durch die Kälte schweben.

Er gönnt sich eine semiprofessionelle Zahnreinigung mit Zahnseide *und* Interdentalbürsten. Er presst die Stirn an den beschlagenen Spiegel und zieht sie wieder zurück, um die verschmierte Stelle zu begutachten, die sie hinterlassen hat. Am deprimierendsten ist, dass er nicht sagen könnte, was sich ändern müsste, damit er sich besser fühlt. Er wird noch verrückt in dem leeren Haus, dem leeren Garten, der leeren Stadt. Er hat das Gefühl, dass es in diesem Haus keine Spur mehr von ihm gibt. Das ist gar nicht *sein* Haus, das ist *ein* Haus.

Wenn nichts hilft, hilft saufen. Die Flasche Chablis ist in weniger als einer halben Stunde ein- und weggeatmet. Obwohl er sich fest vorgenommen hatte, keine Gedanken an Stefanie mehr zuzulassen, fragt er sich, was sie gerade macht: Bibelstunde. Gospelchor. Im Alten Testament schmökern. Gebetskreis. *Das schauerlichste Geräusch auf Erden ist das Raunen in der Kirche von den Gebeten der Gläubigen.* Ihn packt eine rasende Wut. *Sie* ist an seiner Misere schuld. *Sie* hat Fiona seinen Aufenthaltsort verraten. *Sie* hat das Maximum aus ihm herausgepresst (zwei schuldenfreie Eigentumswohnungen, 300 000 Euro, 2700 Euro monatlicher Unterhalt). *Sie* ist nicht zurechnungsfähig. Stefanie, eine belanglose, mäßig intelligente Frau, hat ihn in die Knie gezwungen, für alle Zeiten in die Defensive gedrängt. Ihretwegen hat er dreiundzwanzig *fucking years* verloren.

Vor drei Jahren hatte Stefanie kurz vor dem Burn-out gestanden. Ihre Ehe war in desolatem Zustand, die andauernden Sorgen um Fiona erschöpften sie, und sie war unendlich frustriert darüber, dass sie nicht in ihren Beruf als Anwaltsgehilfin zurückgekehrt war, da sie sich den Anforderungen nicht mehr gewachsen fühlte. Sie litt an Migräne, chronischen Schlafstörungen, Haarausfall und ständigem Nasenbluten. Ihr Körper begehrte auf gegen die Umstände.

Sie benötigte einen CUT.

Sie musste in aller Ruhe nachdenken.

Eine Auszeit vom Alltag.

Kraft tanken.

Neuorientierung.

Zu sich selbst finden.

Den Blickwinkel verändern und einen neuen Kurs einschlagen.

Vitamine für die Seele tanken.

Ihren Glauben wiederfinden.

Gott neu entdecken.

Suchen, klopfen, bitten.

Hören, schweigen, Gott erleben.

Irgendwo stieß sie auf das überkonfessionelle christliche Netzwerk *Marburger Kreis*. Aus dem vielfältigen Kursangebot wählte sie das Seminar *Seelsorge zur Heilung und Befreiung durch Gott*. Als sie nach fünf Tagen zurückkehrte, war sie nicht wiederzuerkennen. Still, traurig, umgeben von einer Aura des Leids, alles Helle, Frohe aus ihr herausgesickert. Einen fröhlichen Christenmenschen stellte man sich irgendwie anders vor. Aus ihr war nicht viel mehr herauszubekommen, als dass sie *wieder zu Jesus gefunden* habe, ihre Neuevangelisierung ein unbegreifliches Wunder sei. Ach so. Ja. Irgendwann in ihrer Kennenlernphase vor tausend Jahren hatte sie ihm von ihrem Glauben erzählt, seither war es nie mehr Thema gewesen.

Die leise gemurmelten Morgen-, Tisch- und Abendgebete gingen ihm jetzt ebenso auf die Nerven wie die Ausrichtung der ganzen Woche auf Glaubensangelegenheiten: Montag Bibelkreis, Mittwoch Gebetskreis, Donnerstag Gospelchor, eine Vielzahl ehrenamtlicher Tätigkeiten in der *Erlöserkirche*. Für ihn, den liberalen, den Tatsachen und dem Diesseits verbundenen Pragmatiker, dessen Motto stets *leben und leben lassen* gelautet hatte, waren religiöse und weltanschauliche Überzeugungen, solange sie niemandem schaden, Privatangelegenheiten, in die man sich nicht einzumischen hatte. Der Spuk würde schon von allein vorbeigehen.

Er arbeitete noch mehr als sonst, sie verbrachte ihre Urlaube (ohne ihn) auf Gemeindefreizeiten, pilgerte mit anderen Gläubigen auf dem Jakobsweg, ließ sich mit dreiundvierzig Jahren noch taufen. In ihrem Zimmer (sie schliefen bereits seit Jahren getrennt) hing an der Kopfseite des Bettes ein Kruzifix; durch das Haus geisterte eine entrückte, missmutige Büßerin in flachen Schuhen und weiten Pullovern (sollte nur niemand auf falsche Ideen kommen, am allerwenigsten er), das Haupt voll Blut und Wunden, der

Schauspielerin Piper Laurie aus *Carrie – des Satans jüngste Tochter* zunehmend ähnlicher werdend.

Obwohl die Entfremdung immer groteskere Ausmaße annahm, die Atmosphäre unwirklich, düster und bedrückend war, hielt er an der Ehe fest und gab die Hoffnung nicht auf, dass sie doch noch zur *Besinnung* kommen würde. Besinnung, ein gutes Wort in dem Zusammenhang.

In persönlichen Angelegenheiten konfliktscheu, schob er die fällige Aussprache vor sich her, und erst, als sie Fiona für einen Monat in die *Ferienbibelschule* (inklusive kostenloser Gehirnwäsche) schicken wollte, war er mit seiner Geduld am Ende.

Was sie ihm dann in einem quälenden, viereinhalbstündigen Gespräch offenbarte, ging weit über das hinaus, was er für möglich gehalten hätte: Stefanie – RADIKAL GEHEILT UND BEFREIT DURCH GOTT – war tief im Morast des Fundamentalismus versunken.

Zusammenfassung:

- Der Heilige Geist persönlich hat die Bibel diktiert, jede Erzählung in ihr (Arche Noah, Sintflut, Turmbau zu Babel, Jona im Bauch des Wales) hat sich exakt und wortwörtlich so zugetragen.
- Sämtliche Grundsätze der Lebensgestaltung sind direkt der Bibel zu entnehmen; gerettet ist man nur nach der persönlichen Entscheidung für Jesus.
- Gott ist heilig. Der Mensch ist sündig. Alle Anstrengungen sind vergeblich, weil sie das Kernproblem der Sünde nicht lösen.

- Die Evolution gibt es nicht.
- Homosexualität ist Sünde.
- Abtreibung ist Mord.

Die dunkle Seite der Macht: Sie glaubte an die Existenz Satans, der Hölle und der ewigen Verdammnis, SÜNDE, SCHULD, ANGST, der erbarmungslose Dreisatz, vor dem jeder irgendwann auf und in die Knie geht. Die *Sünde* steckt im Fleisch, in *Sünde* haben unsere Mütter uns empfangen, die *Sünde* beherrscht uns bis in die Fingerspitzen. Die *Schuld* kennt keinen Anfang und kein Ende, jeder Mensch ist *schuldig* von Geburt an. Vor *Angst* sollt ihr erzittern, *Angst* vor der Hölle, *Angst* vor dem Teufel, *Angst* vor dem Tod. Nach der Trennung erfüllte ihn erschöpfte Wut und endlose Erleichterung.

Eine Wohnung hat sie bereits verkauft und den Erlös der Erlöserkirche (haha) gespendet. Von ihren Einkünften (sprich: seinen Unterhaltszahlungen) gibt sie nicht, wie gefordert, den zehnten Teil, sondern die Hälfte. DABEI IST ES NICHT IHR VERMÖGEN, SONDERN SEINES, DAS SIE DEN IRREN FREAKS DA IN DEN RACHEN WIRFT. Verfügte er über ausreichend kriminelle Energie, würde er einen Auftragskiller anheuern.

Er hat sich an all das gewöhnt, aber heute ist einer dieser Tage, wo Ohnmacht, Wut und Verzweiflung ihn ans Kreuz des eigenen Hasses nageln. *Wer hat eigentlich das schlimmere Los zu tragen, Christus mit der Dornenkrone oder ich?* Manchmal stellt er sich vor, wie sie bei einem Autounfall tödlich verunglückt oder einer schweren Krankheit zum Opfer fällt. Dann kann sie, hoch droben im Paradies schmorend, im immerwährenden Licht bis in alle Ewigkeit vor ihrem Gott knien. Er nimmt sein Telefon.

Hallo, Stefanie. Hast du heute zufällig Zeit? Ich würde gerne mit dir über unsere Tochter sprechen.

Ich bin daheim. Wenn du willst, kannst du in einer Stunde vorbeikommen.

Danke, bis gleich.

Er holt noch eine Flasche Chablis aus dem Kühlschrank und ruft ein Taxi.

In ihrem formlosen dunkelgrünen Kleid verlieren sich die Konturen von Taille und Brüsten, ihr Haar ist zurückgekämmt und zu einem strengen Knoten gebunden. Kein Make-up, kein Nichts. Als einzigen Schmuck trägt sie eine silberne Brosche. Überraschend, überhaupt etwas auch nur vage Feminines, Schmückendes an ihr zu sehen. Irgendwie bringt sie es fertig, dass sie aussieht wie zwanzig und sechzig zugleich.

«Wie geht es dir?», fragt sie nicht unfreundlich. Ihr Atem riecht schwach nach Zitrus. Nie hebt sie die Stimme, stets bleibt sie ruhig und beherrscht. Eine Fanatikerin, denkt Roth, der man ihre Besessenheit absolut nicht anmerkt. Wie es ihm geht? Gute Frage. Als hätte man mir die Venen ausgeschabt, meinen Kopf abgeschraubt und hineingekotzt, müsste er wahrheitsgemäß antworten. Stattdessen macht er eine unspezifische Handbewegung, begleitet von einem unspezifischen Brummen, das alles Mögliche bedeuten könnte.

«Ich habe Tee aufgesetzt. Magst du einen Becher?»

«Danke, ich hab mir was mitgebracht. Wenn du ein Glas hast?»

Sie missbilligt, dass er Alkohol trinkt, sagt aber nichts.

«Tja», sagt er.

«Du möchtest mit mir über Fiona sprechen?»

Sie sitzt kerzengerade auf dem Sofa, ihre Augen verraten keine Gefühlsregung.

«Sie wollte Geld, angeblich für den Führerschein, aber das glaub ich nie im Leben. Wenn sie lügt, merkt man das immer noch am Zucken des linken Augenwinkels. Weißt du, was da dahintersteckt?»

«Sie hat endgültig den Überblick über ihre Handyverträge, Ratenzahlungen und Schulden verloren. Rechnungen ignoriert, Mahnbescheide ungelesen weggeworfen, irgendwann kamen die Inkassoleute. Jetzt droht die Zwangsvollstreckung. Sie hat panische Angst davor, in Beugehaft zu kommen.»

«Mhm. So was in der Art hab ich mir schon gedacht.»

«Seitdem sie mit diesem Tarek zusammen ist, ist es ganz aus dem Ruder gelaufen.»

«Und du hilfst ihr nicht mehr?»

«Nein. Solange sie sich nicht grundlegend ändert, hat das keinen Zweck. Jede Zuwendung macht alles nur noch schlimmer.»

Sie verzieht ihre Lippen, als bisse sie in eine Zitrone.

«Und wie soll es weitergehen?»

«Das weiß ich nicht. Vielleicht muss sie die Strafe auf sich nehmen, um umkehren zu können.»

«Umkehren? Du meinst Buße tun, zu Gott finden und so weiter?»

«Bitte. Lass das Gespräch nicht wieder so einen Verlauf nehmen.»

«Wieso? Wir haben schon lange nicht mehr drüber gesprochen. Immer wenn wir uns sehen, habe ich die naive Hoffnung, dass sich was geändert hat. Stattdessen wirst du immer besessener.»

«Da irrst du dich, ich bin keineswegs besessen. Besessen ist man vom Satan, ich aber glaube an die Liebe Gottes und Jesu Christi.»

«Ach so. Flankiert von der Jungfrau Maria und dem Erzengel Gabriel als Anstandswauwau. Mich würde ja mal interessieren, wie es ist, ein höchstes Wesen anzubeten, das nach Belieben schwerste Verbrechen begeht und vornehmlich gegen die Schwächsten wütet.»

Sie schaut ihn an. In ihrem Blick liegt eine Form gewaltloser Aggression: Weißt du, was du schon wieder anrichtest?

«Ich höre dir zu.»

Es ist alles zehntausendmal besprochen, für eine Diskussion ist es längst zu spät, eine Auseinandersetzung sinnlos; aber geflutet von destruktiver Energie und einem Liter Wein kann er sich nicht bremsen:

«Der Allmächtige hat Millionen Jahre Zeit gehabt, um

aus der Welt etwas Schönes zu machen, aber offenbar hat er mehr Lust auf Vernichtungskriege, Killing Fields und den Genozid gehabt.»

Sie greift schweigend nach ihrem Becher und nimmt einen Schluck Tee.

«Kleines Gedankenexperiment: Versuch dich in jemanden hineinzuversetzen, der von einem fremden Planeten hierhergebeamt wird und dem du die christlichen Glaubenssätze erklären müsstest. Zur Erinnerung: Das Universum ist vierzehn Milliarden Jahre alt und besteht aus zwei Billionen Galaxien. Das ist eine Zwei mit zwölf Nullen.»

«Was willst du?»

«Gleich. Zwei Billionen Galaxien sind eine ganze Menge, das musst du zugeben. Vor zweitausend von vierzehn Milliarden Jahren hat Gott seinen einzigen Sohn also ausgerechnet auf die Erde geschickt, richtig? Genauer gesagt *zum Sterben* auf die Erde geschickt, damit durch seinen Tod die Schuld aller gesühnt wird. So weit, so gaga. Und was ist seither passiert? Nichts, absolut nichts, es hat sich nichts geändert, geschweige denn, dass irgendetwas besser geworden wäre, ganz im Gegenteil: Folter und Sklaverei gab's schon immer, aber zumindest der Ku-Klux-Klan ist relativ neu. Oder etwa nicht? Habe ich etwas übersehen? Sag du es mir.»

«Wenn du das wirklich glaubst, tust du mir leid.»

«Was gibt es denn da zu glauben oder nicht zu glauben? Das sind unbestrittene Tatsachen. Ach, entschuldige, ich vergaß ja: Die Erde ist in Wahrheit erst sechstausend Jahre alt.»

Stefanie schweigt. Eine kleine Frau in einer großen Wohnung. Er hatte sie sehr geliebt, jetzt kann er sich nicht einmal mehr vorstellen, sie auch nur *sympathisch* gefunden zu haben.

«Sagt dir Peter Sloterdijk was? Von dem stammt ein guter Satz: *Religionen sind Schuldgefühle mit verschiedenen Feiertagen.* Kluger Mann. Na egal, du liest ja wahrscheinlich nur noch in der Heiligen Schrift.»

Sie will, dass er geht, aber so leicht kommt sie diesmal nicht davon.

«Wahrscheinlich hat Jesus in den Gaskammern gesessen und gemeinsam mit den Opfern gebetet, bis sie auffahren mussten zum himmlischen Schöpfer. Ja, dein Gott ist wahrhaft Liebe und Güte.»

Eine berauschende Woge von Hass steigt in ihm auf, er reckt die Hände himmelwärts und brüllt:

«OH GOTT, IN DEINER UNENDLICHEN GNADE, WO BIST DU? MAN SAGT DOCH, DU BIST ÜBERALL. GIB MIR GEWISSHEIT! LASS DEINE STIMME HÖREN, MEIN GOTT.»

«Verhöhne mich nur.»

«KOMM SCHON, GOTT, ICH HÖRE NICHTS, LAUTER!»

Sein Mund ist trocken wie Pappe. Einundzwanzig, zweiundzwanzig ...

«Siehst du, die Gebete versickern in den eisigen Lücken zwischen den Sternen. Dein Gott ist fort. Was er zurücklässt, ist Schweigen.»

«Bitte geh jetzt.»

Gehen. Langweilig. Er will etwas von ihr *hören*. Etwas, das sich gegebenenfalls gegen sie verwenden ließe. Aber da kommt nichts.

«Wo es doch gerade interessant wird? Keine Angst, gleich kannst du wieder weiterbeten. Pardon, ich hatte vergessen, dass du immerzu beten musst, weil in jeder Gebetsunterbrechung der Satan in dich fährt. Übrigens muss man sich zum Beten hinknien, sonst zählt es nicht.»

«Bist du fertig?»

«Gleich, erst kommen noch die BREAKING NEWS. Vielleicht hast du es auch schon gehört.»

Wenn er doch nur die Schnauze halten könnte.

«Der Papst ist zurückgetreten. Nicht etwa aus gesundheitlichen Gründen oder weil er dement wäre, ganz im Gegenteil, sein Kopf funktioniert besser denn je. Nur ist er schon vor einer ganzen Weile vom Glauben abgefallen und kann mit der Lüge nicht länger leben. Alles ein entsetzlicher Irrtum, sagt er. Gott gibt es nicht, ein Märchen für Kinder.»

Stefanie richtet ihren Blick zu Boden.

«Das muss man sich mal vorstellen. Der Papst himself! Vor ein paar Stunden erst ist es über den Ticker gelaufen. Aber das Beste: Kein Aufschrei, nirgends Empörung, ganz im Gegenteil; die Nachricht wurde mit Jubel und Erleichterung begrüßt. Endlich spricht es einer aus, noch dazu der Oberste von allen; gleich haben sich die Priester ihre grässlichen Gewänder vom Leib gerissen, das Raubgut soll wohltätigen Zwecken zugeführt werden, die Kirchen werden zu Wohnraum umgestaltet. Und die Evangolen haben sich sofort angeschlossen. Der erste echte Fortschritt in der Menschheitsgeschichte. Ist das nicht sagenhaft?»

«Bitte geh. Geh jetzt, bitte.»

«Genau, ich lasse dich jetzt mit deinen heiligen Heerscharen allein. Hast du dir eigentlich mal überlegt, was wäre, wenn Jesus nicht gekreuzigt, sondern gehängt worden oder auf dem elektrischen Stuhl gelandet wäre? Dann trügen die Christen Galgen oder Stühle um die Hälse. Findest du nicht lustig? Sorry, war nicht so gemeint, Love and Peace. Sei so gut und bring mich zur Tür.»

Sie stehen sich gegenüber. Er setzt schon wieder an, aber Stefanie funkelt ihn an.

«Bitte. Lass mich allein.»

«Sagtest du bereits. Warum eigentlich die Eile?» Genau. Warum die Eile? «Erwartest du noch Besuch? Könnte ich sogar verstehen. Anfassen kannst du deinen himmlischen Bräutigam ja leider nicht, und wer weiß, was für geheime, heiße Feuerchen in euch keuschen Muttis noch brennen.»

Jetzt ist es vorbei mit Stefanies Beherrschung:

«Du Teufel. Du stehst außerhalb der Gnade Gottes. Er hat dich durchschaut, er weiß, wo du wohnst. Der Tod soll dich holen. Verdirb!»

Er schlägt ihr ansatzlos ins Gesicht. Sie taumelt, muss sich an der Kommode festhalten. Fassungslos, zu keiner Reaktion fähig, sagt ihr Blick: Ich kenne diesen Mann nicht. Ich habe diesen Mann noch nie gesehen.

Der Pulsschlag hämmert ihm durch den Schädel; von einer bodenlosen, leeren Empfindung überwältigt, tritt Roth unwillkürlich einen Schritt zurück, wie der Lieferbursche aus dem Supermarkt.

«Georg», sagt sie leise und schließt die Tür.

Feiner Nieselregen hat eingesetzt, er tropft herab wie Kondenswasser in einem Kellerverlies. Das Adrenalin pumpt bis zum Anschlag, er rennt die Straße entlang, bis er ein Taxi erwischt. Daheim räumt er als Erstes die Waschmaschine aus. Dann zerschlägt er an der Spüle eine Flasche mit Birnenschnaps und frisst die Birne.

Das Telefon pingt.

Jesus, Jesus, hallt es durch seinen Kopf, bitte lass es Stefanie sein: Sie verzeiht mir den Ausrutscher und sieht von einer Anzeige ab.

Ich habe noch mal nachgedacht, man müsste
aus der Geschichte einen Psychothriller machen.
Grüß, grüß, Breda, und hoffentlich bis bald.

Manchmal gibt es nichts Schlimmeres als eine SMS von der ganz falschen Person. Er beschließt, heute noch, jetzt gleich, sofort, nach Niendorf zurückzukehren. Nach zwei Flaschen Wein und der Schnapsbirne dürfte er um die zwei Promille haben. Wenn er in eine Kontrolle gerät, ist er erledigt. Autobahn ist also zu riskant, er muss Schleichwege nehmen. Entweder über Bad Oldesloe oder über Bad Segeberg. Nimmt sich nicht viel, so oder so *Bad Idea*. Der Münzwurf entscheidet: Zahl = Segeberg. Er hängt seine nassen Klamotten ab und schmeißt sie mitsamt der Reisetasche in den Kofferraum; Schlüssel, Handy, Laptop und Portemonnaie legt er wie gewohnt auf den Beifahrersitz. Vor Ewigkeiten ist er die Route mal gefahren, er hat kaum noch Erinnerungen daran.

Der Himmel ist ohne Sterne und der Mond nur eine schmale Rinde. Scheinwerferstrahlen bohren sich in die Nacht, die Skalen und Anzeigen im Innenraum leuchten wie in einem Jagdflugzeug.

TATÜTATAA, TATÜTATAA, TATÜTATAA.

Aus dem Nichts sticht die Sirene auf ihn ein, schiebt sich unter seine Haut wie eine Injektionsnadel. Angst lässt seine Muskeln zucken, das Hemd klebt am Rücken, als wäre es mit der Haut verleimt. Je näher die Sirene kommt, desto langsamer wird er. Er fährt rechts ran. *Gleich haben sie mich.* Er steigt schon mal aus. Der Notarztwagen rauscht an ihm vorbei und entfernt sich lautlos und langsam wie in einem Traum.

Stefanie ist nicht der Typ, der zur Polizei geht. Außerdem kann er im Gefängnis keinen Unterhalt zahlen. Aber, wer weiß, vielleicht will sie einfach nur Rache, will, dass er bestraft wird, hinter Gittern schmort, im Knast verreckt; Auge um Auge um Auge um Auge um Auge, wie es die Bibel vorschreibt. Die Gedanken flimmern auf der Innenseite seiner Augenlider wie ein Schwarm Glühwürmchen.

KEINE POSITIONSDATEN VERFÜGBAR

Was ist denn das schon wieder für eine Scheiße? Jetzt spielt auch noch das Navi verrückt! Es sieht aus, als wäre die alte Piste zu Ende und in eine neue, soeben frisch asphaltierte Fahrbahn übergegangen; auf dem Seitenstreifen Bagger, Betonwalze, Ramme, ein elefantengroßer Kipper. Passiert gelegentlich, dass die Strecken, Brücken, Knotenpunkte im Navi noch nicht aktualisiert sind. Beschilderung gibt es auch keine. Die alte rückgebaut, die neue noch nicht installiert. Oder ist er irgendwo falsch abgebogen? Sein Verstand ist vernebelt und gelähmt. Wahrscheinlich wäre es am besten, anzuhalten und so lange zu warten, bis das Navi die Position wiedergefunden hat.

Doch halt, stopp, Achtung, da schält sich eine Gestalt aus der Dunkelheit. Ein kleiner, verwachsen aussehender Mann mit einem großen eckigen Kopf. Über dem Overall hat er eine gelbe Signalweste. Aha, denkt Roth, der ist von der Polizei oder der Leitzentrale abgestellt worden, um in der *Übergangszeit* orientierungslosen Autofahrern den Weg zu weisen. Denkt er tatsächlich mit seinem Suffkopp. Er hält an, würgt versehentlich den Motor ab, lässt die Scheibe an der Beifahrerseite hinunter. Der Westenmann lehnt sich schnappatmend an den Wagen und fängt an, irgendwie osteuropäisch auf Roth einzureden. Der versteht kein Wort und zuckt mit den Schultern. Plötzlich streckt der Westenmann seinen Arm durch die heruntergelassene Scheibe und hält Roth einen zerknüllten Schrieb vor die Nase. *... für den weiterbehandelnden Arzt,* kann Roth mit Mühe entziffern; ein Attest oder Gutachten oder Krankschreibung oder so was. Es ist stockduster, die Situation unübersichtlich, Wertsachen (Portemonnaie, Schlüssel, Handy, Laptop) liegen auf dem Beifahrersitz, die Arme des Westenmannes sind sicher einen Kilometer lang. *Das* *stimmt doch alles vorn und hinten nicht, es muss sich um eine perfide Masche handeln, mit der der Westenmann arglose Autofahrer überfällt und ausraubt.* NEPPER, SCHLEPPER, BAUERNFÄNGER! Panik schnellt wie eine elektrische Ladung durchs Auto, jeder Nerv auf Alarmstufe Rot; Roth fühlt sich in seiner Fahrgastzelle wie ein Kriegsgefangener im Bambuskäfig. Der Westenmann soll endlich seine verwichsten, zehn Kilometer langen Affenarme aus dem Auto nehmen. «Weiß ich auch nicht, keine Ahnung, ich kenn mich hier nicht aus», krächzt Roth mit dünner, seltsam fickrig-nasaler Stimme und lässt den Motor wieder an. Der Westenmann, zitternd, verzweifelt, röchelnd, schnaufend, das Gesicht mit Angst überzogen: «Bitte, bitte! Hilfe!» Die einzigen deutschen Wörter, die er kennt.

Spätestens jetzt ist klar, dass da ein Mensch in Not ist, die Zivilcourage gebietet, Hilfe zu leisten, den Westenmann in die nächste Ortschaft, das nächstgelegene Krankenhaus zu bringen. Aber dann, denkt Roth, war's das. *Meine Fahne riecht man drei Meilen gegen den Wind, ich stehe völlig außer mir, ich bin physisch und psychisch absolut fahruntüchtig.* Das Krankenhauspersonal wird umgehend die Polizei verständigen, die längst nach ihm fahndet. Jemand anderes muss sich um den Westenmann kümmern!

«Also dann, viel Glück.»

Roth lässt die Scheibe hoch, doch der Westenmann denkt gar nicht daran, seinen fünfzig Kilometer langen Arm herauszuziehen. Jetzt hängt er im Spalt.

«JETZT MACH MAL DIE GRÄTEN WEG, MANN, DAS IST JA LEBENSGEFÄHRLICH.»

Roth fährt an. Der Westenmann, glotzäugig vor Panik, brabbelnd, gestikulierend, stolpert neben dem Wagen her.

«MENSCH, HAU DOCH AB!»

Roth, jenseits von Gut und Böse, verliert die Nerven; anstatt die Scheibe wieder runterzulassen, um den Arm des Irren freizugeben, tritt er aufs Gas, beschleunigt auf zehn, auf fünfzehn, auf zwanzig Stundenkilometer, der Westenmann kann nicht Schritt halten, wird mitgerissen, die linke Hand im Wagen ins Leere greifend, die rechte im Außenspiegel verkrallt, ein lästiges Insekt, das man unter anderen, normalen Umständen durch einen beherzten Druck auf den Wischwassertank *wegmacht*.

LASS DOCH ENDLICH LOS!

Dreißig, vierzig, fünfzig, fünfundfünfzig Stundenkilometer; der Westenmann wie angeklebt an der Beifahrerseite, ein Stunt aus einem Actionfilm. Der muss endlich weg, weg, weg! Roth geht voll in die Eisen, der Arm rutscht mit einem hässlichen Ratschen aus dem Fenster, und der Westenmann wird über die Leitplanke hinweg in die Böschung geschleudert. Roth tritt aufs Gas, fliegt in rasender Flucht dahin, sein rasendes Herz wird aus der Kurve getragen.

The Beauty and the Senior Ohne Licht anzumachen, legt er sich ins Bett. Da dump, da dump, da dump, pochende Stille, sein Herz trommelt am Rande des Flimmerns. Bald schon wird er, umgeben von Mördern, Vergewaltigern und Kidnappern, hinter dicken Zuchthausmauern eingebuchtet sein. Wenn man sich etwas so Entsetzliches eindringlich vorstellt, dann kann es nicht passieren.

«BITTE, BITTE! HILFE!» Sein Hirn ist aus Glas, in das die letzten Worte des Westenmannes hineingeätzt sind. Sicher hat jemand den Vorfall beobachtet, fotografiert, mit dem Handy gefilmt, das Kennzeichen notiert, heutzutage gibt es auf der ganzen Welt keinen unüberwachten Fleck mehr. Er sieht schon das Pressefoto: der Westenmann, zerschmettert, mit verdrehten Gliedmaßen um einen Baum gewickelt; Genickbruch, Wirbelsäulenbruch,

Schädelbruch, ungefähr zehnmal tot ist der. Bildunterschrift: FAHRERFLUCHT AUF DER B432. WER KENNT DIESEN MANN?

Es hat ihn kalt erwischt. Das Verhängnis kam aus dem Nichts, er war in keiner Weise vorbereitet. Aber wer ist schon auf das Unbegreifliche vorbereitet? Niemand. Das Unerwartete liegt stets auf der Lauer, nur einen Lufthauch entfernt.

Diese Tat summiert sich mit allen anderen bisher begangenen Untaten zu einer astronomischen Tateinheit. Mit Delikten ist es wie mit Schuld: Schuld erzeugt Schuld und Schuldesschuld und Schuldesschuldesschuld, und irgendwann versinkt das Leben unter einer untilgbaren Schuldenlast. Spätestens im Morgengrauen stehen Männer in langen Gestapoledermänteln vor seiner Tür. Ihm bleiben nur noch ein paar Stunden, um in Ruhe über alles nachzudenken, sich alle Einzelheiten ins Gedächtnis zu rufen. Die Gedanken verwandeln sich zu Fledermäusen, die irre um seinen Kopf flattern. Irgendwann wirkt die Anspannung paradoxerweise wie ein Betäubungsmittel, er schläft ein.

DING DANG DONG.

Sieben Uhr fünfzig. Tatsächlich, jetzt schon? Aber der Polizei mit ihren Methoden und Forensikern und Überwachungskameras und Vernetzungen entkommt heutzutage niemand mehr. Fahrerflucht, unterlassene Hilfeleistung, gefährlicher Eingriff in den Straßenverkehr, fahrlässige Tötung, häusliche Gewalt, da kommt einiges zusammen. Selbst einem Verbrecher, der sich die Fingerabdrücke mit

Säure wegätzt, nützt es nicht viel, da sich die Haut der Fingerkuppen in genau demselben Muster erneuert wie zuvor.

Simone ist so klein, dass sie nur die untere Hälfte des Türrahmens ausfüllt. Fast hätte er sie übersehen. Das ist tatsächlich eine Überraschung: Eine unter falschen Rubensangaben nach Niendorf eingeschleuste, perfekt getarnte verdeckte Ermittlerin. Doch statt ihn zu verhaften, berichtet sie, schwitzend und aufgelöst, dass es Markus gar nicht gut gehe. Ob er «kurz gucken» kommen könne.

Wieso denn eigentlich ich?

«Nicht gut? Was heißt nicht gut?»

Simone zuckt mit den Schultern. Wieso sie keinen Arzt gerufen, den medizinischen Notruf verständigt habe? Wieder zuckt Simone mit den Schultern. Was soll er tun? Er folgt ihr.

Breda scheint unter Schock zu stehen. Er kauert in Unterwäsche auf einem Stuhl, seine rechte Hand zittert, das getrocknete Blut auf seiner Stirn ist dunkel und körnig. Im Spinner seien sie versackt, erklärt Simone, und auf dem Heimweg sei Markus dann *ausgeglinscht.* Ausgeglinscht?

Roth schlägt Breda vor, sich durchchecken zu lassen, sicherheitshalber. Nachdem Breda einen zehn Kilometer langen Augenblick über den Vorschlag nachgedacht hat, willigt er ein.

«Okay», sagt Simone, «ich fahr dich rüber in die Curschmann-Klinik.»

Breda, weinerlich, flehend: «Könnten Sie ausnahmsweise – kommt nicht wieder vor – für ein paar Stunden das Likördepot *hüten*?» Roth ist so perplex, dass er einwilligt.

«Du bist ein echter Schatz», sagt Simone und händigt ihm die Schlüssel aus.

Es ist jetzt – Moment – genau achtzehn Stunden her, seit er Stefanie eine gewischt hat. Ihm die Hand ausgerutscht ist. Die *flache* Hand, nicht die Faust, ein himmelweiter Unterschied. Und das auch nur ein einziges Mal. Ein Reflex, dem eine schwere verbale Attacke vorangegangen war. Aber hätte sie tatsächlich Anzeige erstattet, wäre doch längst die Polizei aufgekreuzt. Man hört nur von den Verbrechen, die aufgeklärt werden, die ungelösten Fälle verschwinden hinter staubigen Aktendeckeln, umgeben von meterdicken Wänden.

NEMO QUERITUR NULLUM IUDICEM.

So ganz allein ist es im Likördepot noch bedrückender. So ein dunkles, krätziges, totenstilles Loch. Wellen von süßlich-fauligem Biermief branden von irgendwoher. Woher denn nur, hier gibt's doch gar kein Bier. So weit ist es also gekommen, denkt Roth, das ist die Strafe: zum Spritverkäufer degradiert, Hilfskraft im Schnapsloch. Er macht den Reißverschluss auf, um seine schweißigen Eier zu lüften. *Haha, passt doch, die Hilfskraft benimmt sich wie 'ne offene Hose.* Kundenfrequenz: null. Komma null. Er stellt das Radio an. Ein Hausfrauensender mit dem obligatorischen Mix aus Schlagern und Oldies. Nach Wetter und Verkehr Hinweise auf die große Sommer-Tour und das Fischerfest in Haffkrug.

Kurz vor Feierabend betritt ein Rentnerpaar das Geschäft, grußlos und ohne ihn eines Blickes zu würdigen. Roth schafft es gerade noch, den Reißverschluss hochzuziehen. Pensionierte Zielfahnder vielleicht. Beide tragen zur üblichen papageienbunten Funktionskleidung Turnschuhe und Rucksäcke, der Mann hat ein verkehrt herum aufgesetztes Baseballcap auf seinem Eierkopp. Die lächerlich-jugendliche Aufmachung lässt ihn gleich noch maroder erscheinen. Schauen sich um, tuscheln, als wäre Roth nicht da.

«Kann ich helfen?»

Die Frau, vor sich hin stierend: «Wir gucken nur mal.» Der Mann nimmt eine Flasche Cognac, studiert das Etikett, stellt die Flasche wieder zurück. Ein zuppeliges Büschel Haare lugt hinten durch die Einstellöffnung der Mütze. Ein wirklich ekelhafter Typ; skoliotisch abfallende Schultern, Trichterbrust, krumme Beinchen, alles an ihm ist Besserwisser, Schulmeister, Rechthaber, Privatsheriff.

«Können Sie einen bestimmten Cognac empfehlen?»

«Wie wäre es mit Rémy Martin?»

«Den gibt es auch beim Edeka, nur zehn Euro günstiger.»

«Aber nicht die 2018 Cannes Edition.»

Damit haben die kaputten Clowns nicht gerechnet.

«Was kostet der denn?»

«Einhundertneunundfünfzig Euro.»

«Komm», sagt der Opi zu seiner Frau. Grußlos verlassen sie den Laden. *Ich raste gleich endgültig aus.* Mit Mühe gelingt es ihm, sich zu beherrschen. Die Leute glauben immer, ein Wutanfall würde sie von der Wut befreien, aber er weiß aus leidvoller Erfahrung, dass Wutanfälle die Wut eher noch steigern. Er sperrt das Geschäft zu und will den Schlüssel in den Briefkasten schmeißen, doch gibt es weder einen Briefkasten noch einen Spalt unter der Tür.

Mit pochenden Kopfschmerzen setzt er sich auf den Balkon und trinkt eine Dose Bier. Schal, und schmeckt nach Metall. Das Meer leuchtet wie die Krümmung eines Regenbogens, smaragdfarben und malachitgrün, saphir- und indigoblau. Wo ist Breda? Wie geht's ihm, was macht er, haben sie ihn in der Klinik behalten? Breda, Breda, immer nur Breda, als wäre Breda der einzige Mensch auf der Welt. Die Sonne leert ihr letztes Licht aus, gießt die Reste auf das kleine Rasenstück vor dem Haus. Er legt sich ins Bett, nur mal kurz langmachen, und fällt in einen ohnmachtsartigen, traumlosen Schlaf, aus dem er erst elf Stunden später erwacht.

Von Fiona nichts.

Von Stefanie nichts.

Von Breda nichts.

Und: von der Polizei nichts. Gott sei Dank, und vor allen Dingen: von der Polizei nichts. *Gefühlt* ist bereits sehr viel Zeit verstrichen. Er besorgt sich sämtliche Tageszeitungen. Eine Fahrerflucht mit tödlichem Ausgang wäre doch eine Meldung wert.

Für die Verfolgung einer Straftat sind die ersten achtundvierzig Stunden entscheidend. Wenn bis dahin keine Verhaftung erfolgt, reduziert sich die Wahrscheinlichkeit, den Fall zu lösen, um mehr als die Hälfte. Augenzeugenberichte werden zunehmend unzuverlässiger, eventuelle physische Beweise, die den Täter überführen können, werden beseitigt. Kratzwunden oder andere Verletzungen, die sich der Täter bei seiner Tat zugezogen hat, verheilen oder sind einem Geschehen nicht mehr so einfach zuzuordnen. Der Täter kann außerdem die zum Tatzeitpunkt getragene Kleidung verstecken oder zerstören. Je mehr Zeit er für die Beseitigung von Spuren hat, desto weniger wird er dabei zu Fehlern neigen, die der Polizei wertvolle Hinweise liefern könnten.

Was bedeutet das für ihn? Tatmittel (Kleidung) entsorgen, Spuren verwischen, Straftat verdecken. An seinem Auto finden sich weder Lackschäden noch Beulen oder *anhaftende Stofffetzen*. Er fährt in die Waschanlage. Programm sechs für € 19,90, Premiumwäsche (inklusive Vorwäsche und manueller Felgenreinigung) mit Nanoversiegelung und Hartwachs. Anschließend saugt er Fahrgastzelle und Kofferraum gründlich aus und gönnt sich dann einen Spaziergang nach Timmendorf.

Als er wiederkommt, ist es dunkel. Kein Mond, keine Sterne, kein Nichts. Die Dunkelheit scheint immer dichter zu werden und sich in eine andere Art Dunkelheit zu verwandeln. Das Licht geht nicht. Der Fernseher funktioniert nicht. Der Kühlschrank ist tot. Aha. Stromausfall. Ein Fall für Breda. Aber der ist ja in der Klinik. Eine Telefonnummer für Notfälle hat er nicht, und Simone in dieser Angelegenheit hinzuzuziehen, scheint wenig aussichtsreich. *Do it yourself.* Zunächst einmal gilt es, die Situation ohne

Sachverstand zu analysieren: Jede Wohnung, hat er mal gehört, verfügt über einen Sicherungskasten. Da *alles* aus ist, muss die Hauptsicherung rausgesprungen sein. Raus*geglinscht*, nicht durch*gebrannt*. Er kennt sich mit elektrischen Verteilern so wenig aus wie mit Werkzeugkoffern und Rotkreuzkästen, haben alle in seinem Leben bisher keine Rolle gespielt, und so soll es bleiben. Er schaut sich um. Durchsucht Schränke. Rückt Möbel ab. Im Flur nichts, in der Küche nichts, im Bad nichts, unter dem Wohnzimmersofa laufen Stromkabel, die in einem Dickicht von beigen Mehrfachsteckdosen stecken. Zum Nachdenken geht er auf den Balkon. Es herrscht eine fast unwirkliche Ruhe, das Meer sieht so still aus, als könnte man darauf gehen. Niendorf, ein unvorstellbarer, ein posthumer Ort, wie das Ausatmen in der Zeit zwischen den *Geschehnissen*. Für einen Moment kommen ihm die Vorfälle ganz weit weg vor, als wäre das alles jemand anderem zugestoßen und er hätte nur davon gelesen, die Würgeschlinge der inneren Unruhe lockert sich ein wenig. Er überschaut die gesamte Lübecker Bucht bis nach, ja wohin denn eigentlich ... Dänemark, ganz allgemein Skandinavien, und weiter bis ins Gelobte Land. Ostseeträumereien, Stromausfalleingebungen, Gedanken ohne Sicherungskasten.

Etwas zu trinken wäre gut.

Im Licht der Handytaschenlampe tastet er sich vor Richtung Küche. Als er sich hinkniet, um die Kühlschranktür zu öffnen, zerreißt er mit dem Mund eine Spinnwebe, was sich anfühlt, als wäre er geknebelt worden. Aus dem *Frigidaire* schlägt ihm eine Wolke widerlichen Geruchs entgegen: Bakterien, Keime, Schimmelpilze, verwesende organische Materie, Ausscheidungen von Tieren, die vor zwanzig Jahren im Gemüsefach gestorben sind. Die Flaschenhalterung ist leer. Das Flaschenfach ist leer. Weißwein, Rotwein, Portwein, Sherry, Rum, nix. Nur noch eine Aperolflasche mit roter Pfütze.

Beim Gedanken daran, nüchtern zu sein, durchläuft ihn ein Angstschauder von den Hoden bis zur Kehle. Ganz allein im Dunkeln, in seinem Zustand, ohne Trost. Er spürt sein Herz, wie es jagt und hämmert und holpert und wie wahnsinnig pocht, und hat plötzlich Angst davor, dass es unvermittelt stillstehen könnte. Da dump, da dump, da dump. Er schließt die Augen und wartet, dass die Pumpe wieder in ihren normalen Rhythmus findet. Ein Aquavit würde helfen, das lebensgefährliche Pochen in seinen Körper zurückzuzwingen, ein Aquavit würde ihn vor der Nacht beschützen. Er lugt über die Balustrade. Im Wohnzimmer seiner neuen Nachbarn sedierendes Flimmern. Der Stromausfall betrifft also nur *seine* Wohnung. Durch das halb geöffnete Fenster hohes, sirrendes Geplapper, wie das Summen eines Insektenschwarms. Rascheln, Knistern, Schaben, Gläserklingeln. Wo Sektkelche erklingen, ist Leben. Er macht sich frisch, schlüpft in seinen besten Anzug und klopft. Der Fernseher wird leise gedreht. Schritte. Frauenstimme: «Wer ist da?»

«Der Nachbar. Roth mein Name.»

«Augenblick, bitte.»

Sich entfernende Schritte. Aha, denkt Roth, Frau zurück ins Wohnzimmer, Lagebesprechung. Sich näherndes

Schlurfen. Aha, denkt Roth, Mann in Pantoffeln. Lagesondierung.

«Was gibt es denn?»

«Entschuldigen Sie die Störung. Ein Notfall, bei mir ist der Strom ausgefallen.»

«Aha. Und Sie sind ...?»

«Roth, wie gesagt. Der Nachbar. Ich habe vorgestern kurz die Bekanntschaft Ihrer Frau gemacht.»

Sicherheitskettengerassel, Schlüsselgeräusch, Türöffnungssound. Vor ihm steht ein alter, kleiner Mann, fragiler noch als seine Frau. Seine Ohren stehen unterschiedlich weit ab, das weiter abstehende ist wie eine in einen Schlitz in seinem Kopf gesteckte Salamischeibe.

«Guten Abend, entschuldigen Sie die späte Störung.»

«Macht doch nichts.»

Der Mann fährt mit der Zunge an der Innenseite der Lippen entlang und lächelt. Mit dem Mund, dem Gesicht, dem ganzen Körper.

«Und was ist los, sagten Sie?»

«In meiner Wohnung ist der Strom ausgefallen. Ich kann den Sicherungskasten nicht finden, und Herr Breda liegt doch im Krankenhaus.»

«Wer?»

«Herr Breda, unser Verwalter.»

«Den kennen wir nicht. Wir haben unsere Wohnung über die GABENE gemietet, da haben wir es mit Frau Ehrhorn zu tun.»

Ach stimmt, denkt Roth, Breda ist ja nur mit der Vermietung *einiger weniger* Wohnungen betraut.

«Willst du unseren Nachbarn in der Türe stehen lassen?»

«Ach so, nein, natürlich nicht. Kommen Sie rein.»

Der kleine Mann hat einen ganz eigenartigen Gang, vornübergebeugt, als wäre der Raum gekippt und er müsse bergauf gehen.

«Sehen Sie es mir bitte nach, dass ich sitzen bleibe», sagt die Frau. Ihr schlohweißes Haar ist auf dem Kopf getürmt wie eine riesengroße Praline, der Dutt ist fast so groß wie sie selbst. «Nehmen Sie doch Platz.»

Ihre gedämpft-melodische Stimme verströmt Wärme und Herzlichkeit.

«Ich störe auch nicht lange, ich wollte nur fragen, ob Sie eine Ahnung haben, wo der Sicherungskasten ist.»

Auf dem Tisch stehen zwei Gläser und eine ganze, schöne, volle Flasche Weißwein. Nur ein winziges Schlückchen, denkt Roth.

«Keine Ahnung. Aber wir werden das gemeinsam schon herausfinden. Viele Möglichkeiten gibt es schließlich nicht. Ich kann mir schon denken, wo.»

Der kleine Mann inspiziert den gewaltigen Einbauschrank im Flur.

«Hier ist jedenfalls nichts. Und eine andere Möglichkeit fällt mir nicht ein. Vielleicht irgendwo zentral. Wir könnten Ihnen aber für die Nacht ein paar Kerzen geben. Eine Taschenlampe haben wir, glaube ich, auch.»

So ein Elend, denkt Roth. *Was dagegen, wenn ich Ihnen die Flasche Wein da abkaufe? Und alles, was an Saufkram sonst noch in Reichweite ist?* Seine Spucke ist schon klebrig vor Durst. Was ist stärker, die Scham oder der Brand? Aber das kann er nicht bringen, so weit ist er zum Glück noch nicht. Also abziehen, er wird die Nacht schon irgendwie überstehen. Allein. Im Dunkeln. Ohne Trost. Ohne Trost. Im Dunkeln. Allein.

Er steht auf. «Dann bitte ich noch mal um Entschuldigung für die Umstände, die ...»

«Wissen Sie was?», sagt die Frau. «Trinken Sie doch ein Glas mit uns.»

Roth kann ein Lächeln nicht unterdrücken. Er setzt sich wieder in den Sessel, der Mann holt ein drittes Glas und nimmt neben seiner Frau auf dem Sofa Platz.

«Auf gute Nachbarschaft.»

«Ja, und vielen Dank.»

Roth kann sich nicht beherrschen und kippt den Wein in einem Zug herunter.

«Durst», sagt er entschuldigend. «Ganz trockener Mund.»

«Wollen Sie ein Glas Wasser? Ich bringe Ihnen ein Glas Wasser.»

«Nein, danke, geht schon wieder.»

«Und Ihr Name war ...?»

«Roth.»

«Freut mich. Klippstein.»

Wie Frau Klippstein nun erzählt, ist dies bereits ihre vierzehnte Niendorfer *Sommerfrische*, erstmals in einer Suite, mit getrenntem Wohn- und Schlafbereich, sehr empfehlenswert und gar nicht mal so viel teurer.

«Sie sehen hungrig aus.»

«Hungrig? Ach was.»

«Rudolf, guck doch mal, was wir noch dahaben.»

Bevor Roth protestieren kann, verschwindet Herr Klippstein in der Küche und kehrt wenig später mit einem sorgsam arrangierten Teller voller Köstlichkeiten zurück: Brot, Brötchen, Frikadelle, Kartoffelsalat, Gewürzgurken, zwei Sorten Käse, Oliven, Tomaten. Ganz bezaubernde Leute, denkt Roth, geborene Gastgeber. Er spürt die Spannung langsam abfließen, als würde eine große Last von seinen Schultern fallen. Er ist derart ausgehungert, dass er die Leckereien am liebsten mit beiden Händen in sich hineinstopfen würde.

«Sehen Sie, Sie sind ja doch hungrig. Guten Appetit.»

«Danke. Schmeckt ganz köstlich», mampft Roth mit vollem Mund.

Frau Klippstein erzählt, sie sei pensionierte Lehrerin für Deutsch und Geschichte, ihr Mann Tischlermeister mit eigenem Betrieb, den ihr ältester Sohn Michael übernommen habe. Dass an Herrn Klippsteins rechter Hand der Daumen fehlt, ist Roth vorhin schon aufgefallen; den Stumpf schließt sauber eine dunkelrote Narbe ab. Kann passieren, denkt Roth, Berufsrisiko. Er stellt sich den grazilen Mann beim Holzzuschneiden, -hobeln, -sägen, -feilen, -fräsen, -schleifen vor. Eine körperlich sicher sehr fordernde Tätigkeit, für die man Kondition und Kraft benötigt. Aber Breda sieht man es ja auch nicht an, dass er in Guinnessbuchrekordtempo Strandkörbe drehen und wenden kann. Die melodiösen Obertöne in Frau Klippsteins Stimme erzeugen einen Sog, der Roths Glieder langsam zu Teig verwandelt. Seine Ohren nehmen nur noch das Heben und Senken in der Satzmelodie auf, ihren angenehmen Rhythmus, er sagt an den richtigen Stellen «ja?», «natürlich», «stimmt», obwohl er ja gar nicht wissen kann, was stimmt und was nicht. Er könnte ihr ewig zuhören. Selbst der Westenmann könnte ihm jetzt nichts mehr anhaben. *Westenmann – Knochenmann – Sensenmann.*

«Sind Sie denn auch satt geworden?», fragt Frau Klippstein.

Wie peinlich, denkt Roth, jetzt hab ich denen ihren ganzen Kühlschrank leer gefressen.

«Vielen Dank, es war sehr köstlich. Es hat so gut geschmeckt, dass ich alles aufgefuttert habe. Tut mir leid.»

«Ach was!»

«I wo.»

«Wie wäre es mit einem Absacker?», fragt nun Herr Klippstein, und schon steht eine Flasche Magenbitter auf dem Tisch. Lange her, dass ich so bemuttert wurde, denkt Roth und stellt sich vor, die Klippsteins wären seine Eltern.

«Vielen Dank für alles, Sie waren meine Rettung. Jetzt lasse ich Sie aber wirklich alleine.»

«Lassen Sie sich Zeit. Wir sind schon alt und brauchen kein Schlaf mehr.»

Guter Satz, denkt Roth.

Herr Klippstein schenkt nach und nach und nach. Der schüttere Haarkranz verschmilzt mit dem Licht der Stehlampe zu einem Strahlenkranz um seinen Kopf. Vielleicht eine Täuschung wg. Fernet-Branca.

Kurz vor sechs wird er vom anspringenden Kompressor des Kühlschranks geweckt. Licht geht auch wieder! Fernseher ebenfalls. Ein ZEICHEN. Draußen schon hellster Sonnenschein, das Meer hat heute eine kräftig grüne Farbe, wie dunkler Serpentin. Er könnte die Gunst der Stunde nutzen, um nachzudenken. Bilanz zu ziehen. Sich über einige Dinge klar zu werden. Tja. Nachdenken worüber? Bilanzen wovon? Über welche Dinge klar werden? Sich jede kleinste Kleinigkeit der Geschehnisse rund um den Westenmann ins Gedächtnis rufen, durchdenken, reflektieren, bilanzieren. Bei *objektiver Betrachtungsweise* hat der den Unfall (das Unglück) selbst verschuldet. Hat einen Fahrzeugführer/-halter in stockdunkler Nacht überrumpelt, eine Art Hausfriedensbruch, *Autofriedensbruch* begangen (Definition Autofriedensbruch: mit überlangen Affenarmen in den geschützten Raum einer Fahrgastzelle vordringen), wogegen sich der Fahrzeugführer/-halter aus legitimem Selbstschutz zur Wehr gesetzt hat. Was dann geschah, geschah rein zufällig; Das Leben ist eine Kette von Ursachen und Folgen, die für den weiteren Verlauf nichts können. Weil jeder für nichts etwas kann, kann keiner etwas für etwas. Die Böschung war zudem von üppiger Vegetation bedeckt, der Westenmann dürfte weich gefallen sein. Hat sich aufgerappelt, kurz geschüttelt und dann auf den Weg in die rumänische oder bulgarische oder ungarische Heimat gemacht. Ein Saisonarbeiter, abgehärtet, zäh, mit allen Wassern gewaschen, keiner, den jede Kleinigkeit gleich umbringt. Fünfundvierzig Stunden sind vergangen. *So wie es aussieht, werde ich davonkommen.*

Er verspürt Hunger. Ein gutes Zeichen. Als er an Savina denkt, regt sich gleich was. Auch ein gutes Zeichen. Die Klippsteins kommen ihm in den Sinn, die rettenden Anker gleich nebenan, Halt und Stütze. Er muss sich bei denen revanchieren. Jetzt. Gleich. Sofort. Er macht sich auf und besorgt bei Klüver ein ganzes Pfund Scampi und ein halbes Pfund Lachs.

«Och, das müssen Sie doch nicht. Wer soll das denn alles essen!» Frau Klippsteins Lächeln versetzt Roth schlagartig in eine lebenszugewandte Stimmung.

«Das können wir nur annehmen, wenn Sie uns helfen. Haben Sie schon gefrühstückt?»

«Noch nicht.»

«Dann setzen Sie sich.»

«Ja, setzen Sie sich», wiederholt Herr Klippstein die Worte seiner Frau. Er wirkt etwas benommen, wie jemand, der in der Theaterloge kurz eingenickt war. Im Widerschein des Sonnenlichts sieht sein Gesicht noch glatter aus als gestern, selbst die kleinen Falten an den Augen sind verschwunden, wie mit einer Glasur überzogen.

Lachs, Scampi, Krabben, Schwarzbrot, Dill, rote Zwiebeln! Die Suite hat sich in ein echtes Schlaraffenland verwandelt. Eine Schlemmeroase. Ein Frischeparadies. So einen Appetit hat man nur, wenn man sich wohlfühlt, denkt er, und: Jetzt fress ich denen schon wieder alles weg. Ein Geschenk, das man dann selbst verzehrt, ist kein Geschenk und nichts wert. Während Frau Klippstein ganz begeistert von ihren Enkeln berichtet, lauscht Herr Klippstein in einer Art genießerischen Trance. Als sie einmal kurz den Faden verliert, springt er ihr aber gleich zur Seite: «Was man behalten will, vergisst man, und was man vergessen will, behält man.» *Passen zusammen wie Salz- und Pfefferstreuer, sind glücklich wie zwei Bienen; die haben sicher schon viel miteinander durchgestanden.*

«Und, was haben Sie heute Schönes vor?», fragt Roth.

«Einen Ausflug nach Lübeck, ins Buddenbrookhaus, und dann vielleicht noch in den Museumshafen.»

Wenn die wüssten, denkt Roth, wer ihnen hier gegenübersitzt, mit wem sie es *in Wahrheit* zu tun haben. Er ist versucht, von seinem Schreibprojekt zu erzählen, entscheidet sich dann aber doch schnell dagegen, da er bisher ja tatsächlich gar nichts Vorzeigbares geleistet hat. Die Klippsteins leben ihr normales, beifallsloses und bescheidenes Leben, da kann er nicht so tun, als wäre er der nächste Thomas Mann. Leute wie die Klippsteins mehren das Gute, halten den Laden am Laufen, sind die zentrierenden Kräfte, ohne deren zusammenhaltenden und regulierenden Einfluss die Gesellschaft auseinanderflöge. *Und Leute wie ich? Tja, da wird's schon schwieriger.*

«Und Sie?»

«Mal sehen, ich hab noch keine konkreten Pläne.»

«Sie können sich uns gerne anschließen.»

Einen kurzen Moment erwägt er, das Angebot anzunehmen. Klippsteins, sprich: seine neuen Eltern, spendieren ihm am Ende des Ausflugs eine Fanta und ein Eis, als Belohnung, dass er, ohne zu murren und zu meckern, so brav durchgehalten hat.

«Ich glaube, ich werde es heute mal ruhig angehen lassen. Strandtag. Erzählen Sie mir unbedingt, wie es war.»

Zur Primetime um achtzehn Uhr macht er sich auf den Weg ins Brimborium. Der Laden ist gerammelt voll, er findet nur mit Mühe einen Platz. Verschanzt hinter alten, fetten Leibern kann er Savina unauffällig beobachten. Von ihren Lippen ablesen, ihre Bewegungen studieren, den Gang, den Hüftschwung. Ihre hautenge Jeans bringt jeden Einschnitt, jede Einbuchtung einwandfrei zur Geltung, die Brüste platzen aus der knallengen Bluse und ätzen sich in seine ausgehungerten Augäpfel. Was für ein geiles Stück. *Passive Erotik.* Von wegen passiv. *Die zieht sich doch nicht für die Rentner so aufreizend an,* The Beauty and the Senior, *ja ganz bestimmt, die hat mein Kommen herbeigesehnt, sich schon gefragt, wo ich bleibe.* Möglichkeit 2 (realistische Variante): Sie verachtet ihn als einen in die Jahre gekommenen Klabautermann, der ernsthaft glaubt, dass noch ein Abenteuer an der letzten Ecke lauert. Er spürt das Summen des Blutes in den Arterien, seine Hände sind ständig, wo sie nicht hingehören, sie tasten, bis sie etwas zu fassen kriegen. Er knuddelt die Serviette zu einem Ball zusammen. In den Lenden ein Ziehen, das sich bis in die Eingeweide ausbreitet. Er wird in die Annalen des Brimboriums eingehen als «Gast mit den umherwandernden Händen». *Sie genießt es, mich zappeln zu lassen. Sie verspricht viel, gewährt nichts. Aber eine wie sie ist eben nicht so leicht zu haben.*

Als sie seine Bestellung aufnimmt, holt er ganz tief Luft, um sie einzuatmen. Der Geruch ist wunderbar. Ihre

Gegenwart belebt alles. Ich liebe dich, Savina, tippt er auf dem Nachhauseweg in sein Telefon. Er will nur mal sehen, wie die Worte auf dem Display wirken. «Ich liebe dich», flüstert er, um festzustellen, wie er sich dabei fühlt.

Full Metal Jacket Um halb zehn wird er vom Klingeln des Telefons geweckt. Simone bittet um Entschuldigung für die späte Meldung, die Aufregung, die Angst, die Sorgen. Der Verdacht auf Schlaganfall habe sich Gott sei Dank nicht bestätigt. Wie es denn inzwischen bei ihm im Depot gelaufen sei? Sie wollten ihn als kleine Wiedergutmachung gerne zum Abendbrot einladen. Er sagt gerne zu.

Bredas Wohnung in der Steiluferallee liegt im Souterrain: Miniaturküche, dunkles, kleines Wohn- und sehr kleines Schlafzimmer. Eine Personalbehausung, Dienstbotenunterkunft, Wohnung vierter Klasse; als wären irgendwann mal überzählige Abstell- und Kellerräume zusammengelegt worden. Die Wand im Wohnzimmer ist von langen gelben Streifen überzogen, Spuren eines Wasserschadens. In der Luft der Geruch von Salben, Cremes, medizinischen

Anwendungen, Essen, kaltem und heißem Rauch – ein deprimierender Arme-Leute-Mief. Breda raucht und trinkt Weinbrand, Simone futtert Chips und trinkt Fanta. Der Schatten eines Ventilators, der an der Decke kreist und bei jeder Umdrehung quietscht, flimmert über dem Tisch. Breda trägt eine weit geschnittene Hose mit eingebautem Gürtel, Sandalen und ein knallgelbes Sweatshirt; Kleidung aus dem Non-Food-Segment von Supermärkten. Weil Roth nicht eingeladen wird, sich zu setzen, begutachtet er an der Wand hängende Kinderfotos. Junge und Mädchen, lachend am Strand, unter Glas konserviert in den leuchtenden Farben des Sommers. Bredas Nichten und/oder Neffen? Er sieht sich die Fotos an, als könne er aus ihnen eine Botschaft für das Hier und Jetzt herauslesen.

«Und, war was los im Laden?», gibt Breda sich leutselig. «Aber setzen Sie sich doch erst mal. Gleich kommt Fußball, Sie können gerne mitschauen.»

Wird er also wieder gesiezt. Er interessiert sich für Fußball ebenso wenig wie für Darts und Mitfahrgelegenheiten. Er setzt sich. Die Füllung des Sessels fühlt sich klumpig an, eine richtige Ein-Sterne-Füllung. Auf dem niedrigen Marmortisch steht eine große Schüssel mit Chips, Würmern und Nüssen und eine etwas kleinere Schüssel mit Weingummi, Lakritz und in Riegel gebrochener Schokolade. Süß/salzig. Was er trinken möchte, fragt Simone.

«Egal.»

«Egal haben wir nicht.»

Unverschämtheit.

«Dann Cola Rum. Falls vorhanden.»

Er freut sich schon auf das eiskalte Zucken in seinem Magen.

«Das ist vernünftig.» Aha. Was soll daran denn vernünftig sein? Die beiden verschwinden in der Küche, Breda kehrt mit einer Zweiliterflasche Cola und einem Eiskühler zurück, Simone folgt kurz darauf mit einem Tablett. Butter, Brot, ein Glas Silberzwiebeln, Käse, Wurstsortiment. Salami? Mettwurst? Teewurst? Bierknacker? Leberwurst? Blutwurst? Plockwurst? Roth kennt sich mit Dauerwürsten nicht so aus. Breda entnimmt dem Eiskübel einen Würfel und lutscht daran. Vielleicht gegen die Schmerzen, denkt Roth allen Ernstes. Als er sich ebenfalls aus dem Kübel bedienen will (für die Cola Rum), stellt er fest, dass zwischen den Eiswürfeln auch Butterklötzchen im Wasser schwimmen. Simone steckt sich eine Wurst in den Mund und schiebt sie, ohne ein einziges Mal abzusetzen, am Stück rein. Eine ganze, lange Salami verschwindet in nur wenigen (37?) Sekunden; weg, aufgelöst, vom Erdboden verschluckt. Sie lässt sich in ihren Sessel zurückfallen und macht «Puh», verlegen wie eine Maus, die ihren Nachwuchs aufgefressen hat. Dumme fressen, Kluge saufen. So gesehen ist Breda ein Genie.

Zu Beginn der zweiten Halbzeit hat Roth schon wieder drei Spezial-Mischen intus, Rekonvaleszent Breda ist eingeschlafen und schnorchelt vor sich hin.

«Wo ist eigentlich die Toilette?»

Simone deutet mit einer diffusen Handbewegung irgendwohin.

«Findest du schon.»

Das Badezimmer starrt vor Schmutz, er kann gar nicht hinsehen. Zerrupfte Zahnbürsten, benutzte Wattebäuschchen, betonhart zerknüllte Taschentücher, Apothekenschränkchen halb aus der Verankerung gerissen. Die frei hängende Klosettschüssel macht einen fragilen Eindruck, aber wer weiß, vielleicht handelt es sich um eine Spezialanfertigung, eine *Schwerlastausführung* mit Tragfähigkeit bis 300 Kilo. Big John. Er versucht, sich die Hände an einem stockig riechenden Handtuch (Saugfähigkeit < 1%) abzutrocknen. *Nightmare in Niendorf.* Ein Kabinett des Schreckens, in das er sich da verirrt hat.

Im Anschluss ans Fußballspiel zappt sich Breda wortlos weiter und bleibt bei einer Doku hängen: *Moderne Wunder – Schuhe.* Time to say goodbye.

«Tschüss, Simone.»

«Gehst du schon?»

«Na ja. So langsam.»

«Schade. Dann bis morgen.»

Roth schiebt sich im Stotterschritt über die menschenleere Promenade, seine Knie klappen wie alte Türangeln. Er tritt in etwas und ist sich sicher, dass es Aas war, obwohl er noch nie in Aas getreten ist. Er stolpert, fängt sich mit einer Hand ab, greift in etwas Weiches, Feuchtes; die Hand rutscht ab, und er schlägt mit voller Wucht aufs Gesicht.

Tick, tick, tick macht der Wecker oder tock, tock, tock oder tuck, tuck, tuck, ganz nach Beschaffenheit des Ohrs. Er findet sich voll bekleidet im Sessel wieder. Die Hose hat ein großes Loch, das Hemd ist zerrissen und hängt herunter, als wäre er eine riesige, zur Hälfte geschälte Banane. Der Geruch nach Hundekot an seiner Hand ist durchdringend und ekelhaft. Sein Schädel platzt, ihm ist, als wäre die Haut vom Gesicht abgezogen. Dumpfes, brutales Pochen droht seine Brust zu zerreißen, linkes Knie, linke Hüfte und linker Ellbogen sind ebenfalls in Mitleidenschaft gezogen. Gebrochen, geprellt, verstaucht? *Bestimmt sind die Rückenwirbel zerschreddert, und wenn ich aufstehe, falle ich auseinander.* Gerade eben so schafft er es ins Bad. Banger Blick in den Spiegel: Ja, so ungefähr hatte er es sich vorgestellt. Er duscht im Dunkeln. Als er die Augen schließt, hat er das Gefühl umzukippen. Immer wieder muss er sich am Duschkopf festhalten. Laienhafte Selbstdiagnose: ARBEITSUNFÄHIG. Bis auf Weiteres befindet er sich im Krankenstand. Er wird sich mindestens eine Woche der Krankheit überlassen und machen, was er will. Jedenfalls nicht arbeiten.

DING DANG DONG.

Du liebe Güte. Das können nur die Klippsteins sein. Undenkbar, ihnen in diesem Zustand unter die Augen zu treten. Er wird sich etwas Gutes, sehr Gutes, etwas besonders Gutes einfallen lassen müssen. Blitzschnell gehen ihm verschiedene Möglichkeiten durch den Kopf: Autounfall, er nicht angegurtet. Oder, besser: beim nächtlichen Schwimmen von einem volltrunkenen Sportbootfahrer übergemangelt. Oder, am allerbesten: Erdrutsch am Brodtener Steilufer, der ihn mit in die Tiefe gerissen hat. Aber eine solche Story will gut konstruiert sein, sie soll mit den Verletzungen korrespondieren, er braucht Zeit, sich etwas auszudenken. DING. Ohne DANG und DONG. Das erneute Klingeln ist so kurz, als wäre der Besucher vom Geräusch selbst eingeschüchtert.

«HALLO, IST JEMAND DA?»

Simone! Was will die denn schon wieder? Sein Kiefer bebt vor Wut.

«ICH WOLLT NUR SCHNELL DEN SCHLÜSSEL ABHOLEN.»

Brüll noch lauter! Unter keinen Umständen dürfen ihn die Klippsteins zusammen mit der Trulla sehen. Er öffnet die Tür.

«Na, dann komm schnell rein eben.»

Simone sperrt die Augen auf. «Wie siehst du denn aus? Was ist passiert?»

«Ausgeglinscht.»

Wenn er sich ihrem Vokabular anpasst, spart er langatmige Erklärungen. Ausgeglinscht ist ausgeglinscht.

«Ach so.»

Ein unsicheres Lächeln erscheint auf Simones Lippen. Dann übernimmt *sie* das Regiment:

«Setz dich da mal hin.»

Sie deutet auf den einzigen Stuhl.

«Wieso?», fragt Roth verdattert.

«Ich guck mir das an.»

Roth schaut sie ungläubig an.

«Ich bin vom Fach, weißt du doch.»

Ach ja, stimmt, ihm fällt ein, dass Simone mal gesagt

hat, sie sei gelernte Altenpflegerin, ein Beruf, der bekanntlich auch eine medizinische Grundausbildung voraussetzt. Ihre Hände setzen sich überall auf seinem Kopf und Körper nieder, machen sich ans Tasten, Fühlen, Drücken, Renken, Kugeln. Kompetente Hände, professionelle Finger. Wohltuend. Beruhigend. Angenehm. Hätte er ihr gar nicht zugetraut.

«Tut das *hier* weh? Wie fühlt sich *das* an? Was ist, wenn ich *so* mache?» Simone ist erkennbar in ihrem Element. So nah war er ihr noch nie. Sie riecht irgendwie angenehm, ist das eine Körperlotion? Es riecht nach Aprikose, genauer: Basisnote Aprikose (aromatisch), Kopfnote Zitronengras (erfrischend). Bisher war er davon ausgegangen, dass adipöse Menschen stets nach Schweiß, Fett und Zersetzung düfteln.

«Hätte ich das gewusst, hätte ich was mitgebracht. Gibt es hier kein Apothekenschränkchen?»

«Keine Ahnung. Glaub nicht. Sicherungskasten gibt's auch keinen.»

«Hast du was dagegen, wenn ich mich mal umschaue?»

«Ich hab nichts zu verbergen.»

Simone macht einen Gang durch die Wohnung und kommt mit zwei Schächtelchen zurück.

«Ich hab nur Dulcolax und Aspirin gefunden. Pass auf, ich besorg was, in spätestens zwei Stunden bin ich zurück.»

«Das ist lieb, Simone, aber wirklich nicht nötig. Ich geh nachher in die Apotheke.»

«Nix da, ich kenn mich besser aus, ich mach das für dich.»

Er hat es mit einer bis an die Zähne ausgebildeten Fachkraft zu tun, die keinen Widerspruch duldet. Und nun die Nase rümpft.

«Was stinkt hier eigentlich so?»

«Wahrscheinlich der Kühlschrank. Gestern hatte ich Stromausfall.»

«Ich guck mal.»

Die Eiscreme im Tiefkühlfach ist geschmolzen und nach unten gesickert, in den Käseteller, in die Salatschüssel, überallhin, ist über Joghurt und Butter und Krabbencocktail ins Gemüsefach gelaufen und hat Pfützen auf dem Boden gebildet. Ein schmutzig weißes Rinnsal streckt sich wie die Fühler einer riesigen Amöbe über den Boden aus.

«Ich mach das eben weg.»

Sie räumt den Kühlschrank aus. Bearbeitet das Innere mit Schwamm und Lappen. Wischt. Sprayt. Lässt einwirken. Reibt trocken. Jeder Handgriff sitzt. Wieso sieht es bei denen zu Hause dann aus wie nach einer Explosion? Weil Breda sich in Dreck, Siff und Gestank wohlfühlt wie die Made im Speck und Simone jegliche *Maßnahmen* untersagt. So konnte sich der Schmutz mit der Zeit in die tiefsten Schichten der Wohnung einfressen, in die Poren und Zellen von Tapeten und Teppichen und Linoleum und Kacheln dringen. Wäre Simone nicht in die Fänge Bredas geraten, hätte sie sich nicht auf dem Terrain des Unheils gefangen nehmen lassen, wäre ihr Leben anders verlaufen. Ob sie unter allergünstigsten Bedingungen (Magenband/Trennung/div.) die Kurve kriegen würde?

Aber Roths Gedanken werden von einem unerwarteten

Gefühl verdrängt: Dankbarkeit. Mit einem gut gefüllten 120-Liter-Müllsack zieht Simone schließlich ab. «Bis nachher.»

DING DANG DONG.

Oh nein! Bitte nicht! Roth wäre bereit, für Bredas Nichterscheinen sehr viel Geld zu bezahlen.

«Haha, wie sehen Sie denn aus? Simone hat schon erzählt, aber in echt ist das ja noch mal 'ne Nummer härter.»

Gestern noch am Boden zerstört, heute schon wieder fit wie ein Turnschuh, unverwüstlich, der Mann. Nur sein Mund hängt irgendwie, schlapp und feucht, wie der eines Wühltiers.

«Wie einer, der gestürzt ist.»

«Hahaha. Ich brech zusammen. Das gibt's doch nicht. Hahaha.»

Breda scheint es nicht schwerzufallen, kein Mitgefühl zu heucheln. «Aber sonst alles okay? Irgendwas gebrochen?»

«Ich glaube nicht.»

«Siehste, Zähne sind auch noch alle drin, der Rest wird. Bald siehst du wieder aus wie neu.»

«Tja, mal sehen.»

«Hassu ma den Schlüssel für mich? Hat Simone vergessn, und ich muss gleich den Laden aufschließen.»

Breda lässt sich den Schlüsselbund aushändigen und zieht danach pfeifend ab.

DING DANG DONG.

Roth kommt sich vor wie der Hauptdarsteller eines Boulevardstücks. Auftritt, Abgang, Mann verschwindet unterm Bett, Auftritt, Abtritt, Mann flüchtet in den Schrank, Aufgang, Abgang, Mann flieht auf den Balkon. Was soll denn das noch werden?

Simone hat eine komplette Kühlschrankbefüllung besorgt. Sie wirkt völlig energetisiert, von Trägheit und Lethargie ist nichts mehr übrig. Nachdem die Lebensmittel versorgt sind, packt sie einen Notfallkoffer aus. *Sie salbt meinen Körper, versorgt meine Wunden, lindert meine Qualen.* Roth schließt die Augen und überlässt sich ganz dem Gefühl, dass er sich voller Vertrauen in jemandes Hände begeben hat, der es ausschließlich gut mit ihm meint. Er muss sich im Zaum halten, nicht fortwährend «mmh» und «ach» und «herrlich» zu brummen.

«Stört es dich, wenn ich das Radio anmache?»

«Nein, überhaupt nicht. Wie du willst.»

Wir waren geboren, um zu leben,
Mit den Wundern jener Zeit.
Sich niemals zu vergessen
Bis in alle Ewigkeit.

Simone tschilpt leise mit. Sie kennt den Text. Es gibt auf der ganzen Welt vielleicht niemanden, dem diese Liedzeilen ferner sein könnten.

Wir waren geboren, um zu leben,
Für den einen Augenblick,
Bei dem jeder von uns spürte,
Wie wertvoll Leben ist.

Das ist ihre Welt, denkt Roth, die Welt des Gefühligen, das Reich des Kitsches. Schaut im Netz Katzenvideos, bricht vor Rührung in Tränen aus oder lacht sich wahlweise *ka-*

putt. In der Gemeinschaft von Milliarden Menschen in aller Welt, die genauso fühlen wie sie. My heart will go on.

Als sie fertig ist, schreibt sie ihre Telefonnummer auf einen Zettel.

«Für Notfälle. Ich bin erst mal in Oranienburg. Meine Mutter hat Krebs.»

Beim Wort *Krebs* zuckt Roth zusammen. So genau wollte er es gar nicht wissen.

«Ach so, dann gute Besserung. Weißt du schon, wann du wiederkommst?»

«Nee, noch nicht so genau. Woche oder so.»

Aha. So lange?

«Ich hab Markus gesagt, dass er regelmäßig nach dem Rechten schauen soll. Er hat mir versprochen, sich zu kümmern.»

Bitte nicht, denkt Roth.

Spinner An alles hat Simone gedacht, nur nicht an eine alkoholische Grundsicherung. Muss er in den wurmstichigen Apfel beißen und zu Edeka Jens. Er spürt ein Pochen und Zucken unmittelbar unter der Gesichtshaut, die Sehnen in seinen Oberschenkeln werden hart und zittern ein wenig. Er wirft noch einen Blick in den Spiegel. Bei jemandem wie Breda lösen derartige Blessuren Abscheu und Ekel aus, denkt er sich versuchsweise, Menschen *seines* Schlages wirken damit so, als hätten sie etwas Interessantes erlebt.

Savina steht am Pfandflaschenautomaten und speist Leergut ein. Obwohl sie ihm nur ihre Hinteransicht bietet, weiß er sofort, dass sie es ist, unter Millionen würde er sie erkennen! Eigenartig, sie in einem anderen als dem Brimborium-Zusammenhang zu erleben. Was für eine Ausstrahlung. Schon allein, wie sie ihr Leergut versenkt. Diese Frau ist ein Kraftfeld, das alles verzerrt und verformt, reiner Eros. Er stellt sich vor, wie sie eng umschlungen auf der Seebrücke stehen und ihre Stimme ihm zärtliche Worte zuraunt, brüchiges Flüstern, verschluckte Laute, Seufzer, Schnalzer, Stöhner, er stellt sich alles Mögliche vor, fieberhafte und hitzige Fantasien. Aber wenn sie ihn *so* sähe, ängstlich, zitternd, zerschlagen, wären seine Chancen endgültig dahin. Er versteckt sich hinter dem Geldautomaten und beobachtet aus sicherer Distanz, wie sie zwischen Obstauslagen, Backwaren, Fleischtheke, Tiefkühltruhengewirr pendelt. Er prägt sich ihre Route genau ein, um anschließend die Stationen der Reihe nach abzugehen und nur das zu kaufen, was auch sie gekauft hat. Seine Blicke kriechen auf sie zu wie Nattern im Heu, brennen sich durch ihre Kleidung. Irgendetwas spürt sie, das sieht er, er fühlt, wie seine Leidenschaft auf sie übergreift. Immer wieder kommt ihm das Wort *Liebe* in den Sinn. *Ich begehre sie nicht nur, ich verliebe mich in sie.* «Ich liebe dich», murmelt er und erschrickt über diesen Satz, der ihm entglitten ist. Er schaut sich um, doch niemand hat's gehört. Savina, Savina, Savina, er bekommt Herzrasen, wenn er nur ihren Namen denkt.

«Guten Tag, Herr Roth!»

Er fährt zusammen. Nur mit Mühe gelingt es ihm, seine Einkäufe festzuhalten.

«Ach, guten Tag, Frau Klippstein.»

Roth grinst so verkrampft, dass ihm fast die Zähne abbrechen. Frau Klippstein ist viel zu rücksichtsvoll, um zu fragen, was mit ihm los ist.

«Sie wundern sich wahrscheinlich, wie ich aussehe. Als ich abends noch auf der Seebrücke spazieren war, bin ich in was getreten und ausgerutscht, und da habe ich das Gleichgewicht verloren.»

Voll auf die Fresse geflogen. Der Länge nach aufs Maul gelegt. Mit Scheiße die Visage poliert.

«Ach, herrje. Waren Sie denn schon beim Arzt?»

«Der hat heute keine Sprechstunde.»

Warum lügt er? Ohne Not.

«Kommen Sie mal mit rein, ich hab was für Sie. Eine Wundsalbe, wirkt Wunder.»

Gott sei Dank. Er hätte den Abend allein nicht überstanden.

«Vielen Dank. Ich bring eben die Sachen in meine Wohnung und bin gleich bei Ihnen.»

Frau Klippstein schickt Roth mit einer Tube Wundsalbe ins Bad.

Herr Klippstein öffnet eine Flasche Wein.

Frau Klippstein schiebt *Schlemmerfilet à la bordelaise* in den Ofen. (Die Suiten verfügen über einen Backofen, *vier* Kochplatten und sogar eine Mikrowelle.)

Herr Klippstein holt die Stielgläser von der Anrichte.

Frau Klippstein deckt den Tisch.

Roth ist mit dem Eincremen fertig und begibt sich ins Wohnzimmer, wie ein Pimpf, der nach dem Spielen heimkehrt.

«Bleiben Sie doch bitte zum Essen, lieber Herr Roth. Wir haben wieder mal viel zu viel eingekauft!»

Bei allem, was Frau Klippstein sagt und tut, verbreitet sie Unbeschwertheit und fröhliche Energie. Ein so zartes Wesen, das einen trotzdem ganz und gar einhüllt. Roth bewundert ihre kunstvoll aufgetürmte Chignon-Frisur, Ausdruck von Würde und Eleganz. Sie ist wohl die einzige Seniorin in ganz Niendorf, die ihr Haar *nicht* zugunsten eines pflegeleichten, pfiffigen Kurzhaarschnitts geopfert hat.

«Ich kann doch nicht schon wieder, also wirklich nur, wenn es keine Umstände macht.»

«Ach was, wir freuen uns, wenn Sie uns Gesellschaft leisten. Wisst ihr was? Setzt euch doch auf den Balkon, bis das Essen fertig ist.»

Die Sonne ist fast untergegangen, wo Himmel und Wasser zusammentreffen, leuchten ihre Strahlen in einem farbigen Band, das sich in einem Halbkreis auf dem Meer spiegelt. Kleine Schweißperlen, in denen sich das Sonnenlicht wie in winzigen Kristallen fängt, heben sich von Herrn Klippsteins Oberlippe ab.

«Der Sonnenuntergang ist heute aber besonders schön.»

Jetzt hat es Roth endlich: Herr Klippstein wirkt mit seinem verschmitzten, lausbübischen Aussehen wie ein alter Volksschauspieler, wahlweise wie ein pensionierter Kriminalbeamter. Er ruckelt auf seinem weißen Plastikstuhl hin und her.

«Steife Knie.»

«Ach so», antwortet Roth. Sein Telefon macht ein Geräusch.

«Entschuldigung, ich mach auf lautlos.»

Er überfliegt die Nachricht.

Ich wollte fragen, wie es heute geht. Bei Lust und Laune: Ich bin heute Abend im Depot, neue Ware gekommen. Schönen Gruß, auch von Simone.

Er wird frühestens übermorgen antworten.

«Kommt ihr?»

«Ja, sofort.»

«Wir sind schon da, Mariechen.»

Noch nie im Leben hat Roth Schlemmerfilet mit Gurken-Kartoffelsalat gegessen. Frau Klippstein entschuldigt sich, nach dem Ausflug seien sie so erledigt gewesen, dass sie keine Lust mehr gehabt hätten, «ordentlich» einzukaufen.

«Schmeckt hervorragend. Und das ist wirklich ein Fertiggericht? Das muss ich mir merken.»

«Mein Mann isst das so gerne, obwohl es nur schnöde Tiefkühlkost ist.»

Herr Klippstein macht einen langen Seufzer.

«Himmlisch. Ein Gedicht.»

Der Weißwein ist so kalt, dass er auf Roths Zunge kleine Stromschläge erzeugt, er rauscht durch sein Blut und nimmt dem Tag alle Schwere und Unerbittlichkeit. Wie nahe Glück und Unglück manchmal doch beieinanderliegen.

«Als wir uns kennenlernten, konnte Rudolf Fisch partout nicht ausstehen; mit Matjes hätte ich ihn jagen können. Dabei mag ich den so gerne, mit Apfel und Zwiebeln. Dann habe ich Matjes nur für mich gekocht, und für Rudolf Kartoffelpuffer oder gefüllte Paprika.»

Ausgerechnet Matjes, denkt Roth. Herr Klippstein richtet sich instinktiv auf, wenn seine Frau etwas zu ihm oder über ihn sagt, als würde er sich auch nach so vielen Jahren noch immer darüber freuen, namentlich genannt zu werden, begeistert, dass sie vor langer Zeit Ja zu ihm gesagt hat, und, das Allerbeste: dabei geblieben ist. Er führt ein Stück Schlemmerfilet zum Mund, seine Lippen zucken vor dem heißen Fisch zurück, spitzen sich und blasen in den Dampf, bevor er vorsichtig ein Stückchen abbeißt.

Zum Nachtisch gibt es selbst angesetzten Rumtopf mit Vanilleeis. Frau Klippstein erläutert: Los geht's im Juli mit Erdbeeren, danach Steinobst, Brombeeren, Birnen. Der erste Schluck wird traditionell am ersten Advent verkostet.

«Jetzt haben wir Sommer, und noch immer ist ein halber Liter übrig. Für besondere Anlässe.»

Dann bin ich wohl der besondere Anlass. Schön, so was zu hören.

Die Früchte sind vollgesaugt mit Sprit.

«Jetzt bin ich fast ein bisschen dun.»

Sagt Frau Klippstein.

«Ist doch schön.»

Antwortet Herr Klippstein.

«Denkst du dran, nächste Woche zum Einwohnermeldeamt zu gehen?»

«Mach ich, versprochen.»

Herr Klippstein dreht sich zu Roth:

«Immer, wenn ich einen neuen Pass oder Personalausweis bekomme, erinnert es mich an die eigene Vergänglichkeit. Durchschnittlich alle zehn Jahre ein neuer, am Ende werde ich es wohl auf acht, vielleicht neun Ausweise gebracht haben. Aber solange wir leben, ist der Tod ohne Bedeutung.»

Als er am nächsten Tag mit den Klippsteins bei Kaffee und Kuchen im Café Strandvilla sitzt, sieht er mit einem Mal Breda. Der kämpft sich, seltsam taumelnd, durch die Touristenmassen, Schweiß perlt von seinem Gesicht, wahrscheinlich ist er jetzt schon betrunken. Sein übergroßer, fleckiger Overall hängt auf halb acht. Einer, dem man die Brieftasche gestohlen und die Post geplündert hat.

«Ach, hier steckst du», ruft Breda wütend, als er Roth entdeckt, und stößt eine Art Grunzkaskade aus. Herr Klippstein erhebt sich von seinem Platz und deutet eine Verbeugung an; hätte er einen Hut auf, würde er ihn sicher lüften. Als Breda ihn ignoriert, verbeugt sich Herr Klippstein ein zweites und drittes Mal, als hätte ihn ein Verbeugungszwang überkommen, gegen den er machtlos ist.

«Sieht man dich auch ma irgendwann wieda?»

Etwas reptilienhaft Taxierendes liegt in Bredas flackerndem Blick.

«Hallo, Markus. Das sind meine neuen Nachbarn, Herr und Frau Klippstein.»

«Ja.»

Bredas Desinteresse grenzt ans Absolute.

«Du bist ja schon erwachsn und kanns machen, wassu willst.»

Auch diese Unverschämtheit nimmt Roth unwidersprochen hin. Er darf Breda keinen Anlass für irgendwas geben. Wer weiß, wozu der in seiner aktuellen Verfassung fähig ist.

«Ich komm morgen im Depot vorbei, versprochen. Einen schönen Tag noch.»

«Wer's glaub. Ich muss jetz sowieso los.»

Breda steckt sich eine Zigarette hinters Ohr, obwohl dort bereits eine steckt, und beide fallen zu Boden. Dann schlackert er mit fliegenden Ellenbogen weiter, die Schultern so steif, als wären sie mit Draht zusammengebunden.

Roth schaut die Klippsteins verlegen lächelnd an.

«Das war mein Vermieter, Herr Breda, ich hatte den neulich schon erwähnt. Tut mir leid, ich weiß auch nicht, was mit dem heute los ist.»

«Ach i wo, wenn man in Eile ist, ist man schon mal kurz angebunden.»

Gegen Frau Klippsteins Höflichkeit ist kein Kraut gewachsen.

Aber so leicht wird Breda sich nicht abservieren lassen.

«Ich habe mitgezählt, Sie haben mich fünfmal bewirtet: Jetzt ist es mal an der Zeit, mich zu revanchieren.»

«Das brauchen Sie doch nicht, Herr Roth, es war uns eine Freude.»

«Ich bestehe darauf. Ich würde Sie gerne ins Brimborium einladen, ein ganz passables Restaurant; ansonsten ist Niendorf ja leider kulinarisches Niemandsland.»

Die Klippsteins zieren sich nur kurz, dann sagen sie zu.

Da der Bürgersteig zu schmal ist für drei Personen, lässt Roth dem Ehepaar den Vortritt und trottet hinter ihnen her, ein braver Jung, der seine Eltern zum Essen ausführt.

Nicht viel los heute. Vielleicht Abreisetag, *genereller* Abreisetag, alle reisen unwiderruflich ab, und nur er und die Klippsteins halten *forever* die Stellung. Niendorf, ein unsichtbarer Ort am Rand der Welt, und so unsichtbar wie Niendorf ist er selbst geworden. Herr Klippstein, die Lippen fest zusammengepresst, wirkt erschöpft und noch zerbrechlicher als sonst, der kleine Gang scheint ihm bereits jetzt alles abzuverlangen. Er stakst so unbeholfen, als wären seine Beine aus Stein und könnten jederzeit zerbröseln. Frau Klippsteins watteweißer Dutt wippt bei jedem Schritt, sie ist federleicht und bewegt sich, als hätte sie kein Gewicht.

«Wir müssen Ihnen noch etwas sagen.»

«Aha.»

«Lass uns doch erst mal ankommen, Mariechen.»

«Hast recht, Rudolf, entschuldige.»

Frau Klippsteins Liebenswürdigkeit pflanzt selbst dem Marodesten Lebenswillen ein, denkt Roth, und: eine, die andere niemals ausbremst, sondern ihnen auf halbem Wege entgegenkommt.

Da kommt ihnen tatsächlich jemand entgegen. Eine Sekunde überlegt er, in die Knie zu gehen und den Klippsteins im Entengang hinterherzuwatscheln, bis die Gefahr vorüber ist. Doch Breda hat ihn längst gesichtet. Er sitzt wie ein Fuchs in der Falle.

«NA, HAB ICH EUCH ERWISCH. WO WOLLDN IHR DRAUFLOS?»

Bredas Stimme klingt im Unterschied zu vorhin seltsam scharf und nasal, als würde er durch ein Schilfrohr blasen.

«Guten Tag, Herr Breda.»

Frau Klippstein hat sich sogar den Namen gemerkt.

«Wie hieß noch mal das Restaurant, Herr Roth?»

«Brimborium.»

«INS BRIMBO, DASSIS VERNÜNFIG, HAHA.»

«Dann können Sie das auch empfehlen?»

Wieder ignoriert Breda Herrn Klippstein.

«UND ICH HAB SCHON GEDACHT, DU BIST ABGETAUCHT, MISTER ROTH.»

Bredas starrer, entseelter Blick ist wie Feuer, Roth krümmt sich darunter wie ein Bogen Papier, der im Kamin verbrennt.

«Ich wollte mich morgen melden. Ich habe beim Schreiben gerade einen Lauf, das muss man ausnutzen.»

Bitte lass uns ziehen!

«Das glaub ich auch. Wenn man den Wurm im Kopf hat, muss man ein Blatt Salat auf das Ohr legen und den Wurm herauslocken.»

Oh Gott, was soll das denn schon wieder bedeuten? Er muss ihn ablenken.

«Hat sich Simone mal gemeldet?»

«Der gehdas ganz gut so weit.»

«Schön. Freut mich.»

Bitte, lieber Gott, lass das Aneurysma platzen. Jetzt!

«Was dagegen, wennich mich anschließ? Ich könnt nämlich auch 'ne Kleinichkeit vertragen. Keine Angst, ich stör nich weiter, ich bin dann gleich wieda weg.»

Die Klippsteins nicken zögernd. Es gibt kein Entkommen.

Bredas *Hereford Ribeye Tomahawk* ist alles andere als eine Kleinigkeit; das unförmigste, von Blut und Fett triefendste Steak, das Roth in seinem Leben gesehen hat, von Adern durchzogen, monströs, abstoßend. Vor der gigantischen Ofenkartoffel, die in Strömen von Sour Cream und Schnittlauch ertrinkt, und der giftig glänzenden Salatbeilage ekelt es Roth genauso.

«Egal, was man tut – sie versuchen immer weiter, einen dazu zu bringen, dass man ihnen gibt, was sie haben wollen.»

Breda wischt sich mit dem Ärmel über den Mund und verschmiert Chilisauce über Stoff und Wange. Als er sich verschluckt, ertönt ein zerklüftetes Röcheln, das klingt wie eine sich anbahnende Erstickung.

«Husten ist gesund. Rührt man das Ganze damit schön durch.»

Selbst für seine Verhältnisse benimmt er sich schlecht, extra schlecht. Er ist eifersüchtig auf die Klippsteins und will ausloten, wie weit er gehen kann. Klippsteins haben Angst und Breda absolut nichts entgegenzusetzen. Herr

Klippstein hat sich in seinem Anzug verbarrikadiert, als wolle er mit seinem Körper möglichst wenig Raum einnehmen, Frau Klippstein bewegt lautlos ihre Lippen, betet sie etwa?

In rascher Folge drückt sich Breda Wodka-Shots hinter den Gaumen. «Klarer, reiner Schnaps. Das ist mein Getränk! Einem Glas Schnaps kann man wenigstens noch trauen.»

Roth, dem ganz schlecht ist vor Furcht und Hilflosigkeit, stochert in seiner Scholle. Was soll er machen, was sagen? Am besten nichts.

Breda, cont'd: «Wisst ihr was?»

«Nein.»

«Wenn ich ma von der Stange fall, dann will ich keinen einzigen Euro mehr aufm Konto habn. Ich time das so ab, dass ich dann komplett blank bin.»

Irgendwas antworten, sonst rastet der aus. «Interessante Idee.»

«Findsu? Find ich auch. Wusstet ihr, dass nur zwei von acht Leuten ihre richtige Schuhgröße kennen?»

«Wirklich?»

«Hundertpro.»

Breda ist ein Gegner, der weder zu bezwingen noch zu begreifen ist. «Und ihr wohnt in Nummer sechzehn?»

«Meinen Sie uns?» Herr Klippstein vergräbt die Hände in seinen Achselhöhlen, wodurch er noch mal um etwa 5 Prozent kleiner wird, eine Geste totaler Hilflosigkeit.

«Glaube schon, oder siehst du hier sonst noch jemand?» Breda blickt sich theatralisch um.

«Ja. Bereits seit vierzehn Jahren.»

«Aha. Und wieso kennich euch dann nich?»

Tja, wieso wohl?, denkt Roth.

Frau Klippstein, mit tapferer Höflichkeit: «Wahrscheinlich sind wir uns schon ein paarmal über den Weg gelaufen, aber Sie wissen ja ...»

Die arme Frau.

«Was bezahln Sie eigenlich, wennich fragen daf?»

«Einhundertvierzig Euro die Nacht.»

«Hah. Wusst ich's doch. Die GABENE sind alles Verbrecher. Bei mir häddet ihr nua die Hälfe bezahlt.»

«Uns erscheint der Preis für die Hauptsaison angemessen.»

«Hundert. Maximal. Wissa was? Nächstes Mal kommt ihr zu mir. Ich hab auch zwei Suiten im Programm. Aber mit vernümpfiger Austaddung.»

«Danke für das Angebot. Wir überlegen uns das.»

«Was gibt's denn da zu überlegen? Ich sag doch, GABENE ist ein Verbrecherverein.»

Roth muss die Klippsteins aus der Schusslinie bringen. Die haben schon längst ihr Besteck auf den Teller gelegt und sitzen da wie Katzen im Regen.

«Markus, sag mal, was ist eigentlich mit der Kneipe, von der du neulich erzählt hast?»

«Meinssu den Spinner?»

«So hieß das, glaube ich.»

«Open.»

«Wie wär's, wenn wir da hingehen?»

«Könn wir machen. Gude Idee.»

Hoffentlich leckt er nicht noch den Teller ab.

«Ich bring die Klippsteins eben zur Tür.»

«Ja, is gut, tschüss dann, hat mich gefreut. Und nächstes Jahr mieded ihr bei mir.»

Klippsteins erheben sich zur gleichen Zeit, zwei Vögel, die von einem Ast auffliegen. Breda schenkt ihnen keine Beachtung mehr. Er schmiert Sour Cream auf einen der übrig gebliebenen Fleischtrümmer und schiebt ihn sich mit vor Genuss verdrehten Augen in den Mund.

Der tiefe Himmel ist fast schwarz, Tausende Sterne blitzen über ihren Köpfen.

«Sie Armer. Können Sie sich nicht absentieren? Der Herr Breda würde das doch gar nicht merken.»

«Von wegen. Der merkt alles, das ist es ja. Ich muss da mit. Tut mir sehr leid, wie das heute Abend gelaufen ist.»

«Da können Sie doch wirklich nichts für. Kommen Sie doch morgen um die Mittagszeit vorbei. Wir drücken die Daumen, alles Gute, Herr Roth.»

Der Gastraum des Spinners ist bis in den letzten Winkel mit grellem Neonlicht ausgeleuchtet. Das *Personal*, Roth schätzt, dass es sich um die Stammbelegschaft handelt, setzt sich aus vier Männern und einem Wirt zusammen. Breda röhrt «It's me, Markus» in die Runde und gibt die Bestellung auf, zwei große Bier und zwei doppelte Chantré. Ohne sich weiter um Roth zu kümmern, begibt er sich dann an den Spielautomaten. Zehn Euro verschwinden in der Geldscheinannahme. Schwankend, sich am Apparat festhaltend, folgt Breda dem Lauf der Walzen, dabei raucht er eine völlig verkrümmte Zigarette. Roth steht unschlüssig daneben. Die Klippsteins hatten vielleicht recht, wenn er sich jetzt vom Acker macht, würde es Breda nicht mitbekommen. Vorsichtig begibt er sich mit seinen Getränken an einen Tisch.

«Aber nicht abhauen, ich seh alles.»

Eine Hölle von Dante'scher Bodenlosigkeit. Am Tresen braut sich derweil was zusammen.

«Frank, kommst du klar?»

Frank: «Ich komm immer klar, Mike.»

Mike: «Ja, bei Hardy kommst du klar, weil du ihm lange genug in den Arsch kriechst. Du würdest sonst überhaupt nicht klarkommen.»

Hardy: «TARAAA!»

Tumult zwischen Mike und Hardy, in dessen Verlauf Hardy Mike die Hand umdreht.

Mike: «Nein, nein, nein, nicht auf den Finger. Dir brech ich auch den Finger.»

Hardy: «Willy, du bist doch ein armer Willy.»

Mike: «Jaaaööööäääää.»

Hardy: «Du bist doch ein ganz armer Willy.»

Mike: «Jaaa, neee, ich bin so ein armer Willy.»

Frank: «Was ist denn?»

Mike: «Was sabbelt er denn da dazwischen? Was sabbelst du dazwischen, Frank? Was sabbelst du überhaupt dadazwischen? Du hast doch überhaupt keine Ahnung, du hast noch nicht mal Geld, du Spinner.»

Frank: «Ich –»

Mike: «Ach halt doch dein Maul. Du hast überhaupt kein Geld.»

Frank: «Ach was.»

Mike: «Du hast überhaupt kein Geld, du bist ein ganz armer Willy.»

Frank: «Ich hab eben 'ne Bestellung aufgegeben.»

Mike: «Wenn ich dir einen in die Fresse hau, dann kannst du die Anzeige nicht zurücknehmen, du Penner.»

Frank: «Ich hab 'ne Bestellung –»

Mike: «HALTS MAUL!»

Wirt: «Hört auf jetzt. Verdammich noch mal.»

Frank: «Woher willst du das denn wissen? Ich hab 'ne Bestellung aufgegeben für Hardy, für Helmut und für mich. Nun ist gut.»

Mike: «Jaöööö.»

Frank: «Was schreist du mich an? Ich hab doch überhaupt nicht mit dir gesprochen.»

Mike: «Was willst du denn? Sabbel mich doch nicht an, du Spinner.»

Hardy: «TARAAAAA!»

Mike: «Du bist doch sowieso nur ein Spinner. Du verprügelst deine Frau und machst hier das große Maul auf. Für mich bist du ein Scheißer. Für mich bist du ein Arschficker.»

Frank: «Und ich tu das?»

Mike: «Halts Maul. Halt lieber dein Maul.»

Wirt: «So, Ruhe jetzt.»

Mike: «Mach mich nicht nervös.»

Frank: «Woher weißt du das überhaupt alles?»
Mike: «Weil ich das alles weiß. Weil du ein Penner bist für mich. Du bist ein Arschkriecher und spinnst hier nur rum. Ich sag dir nur die Wahrheit.»
Frank: «Aber –»
Mike: «Du bist doch ein Arschficker. Mann, du, reg mich nicht auf. Du verprügelst deine Gisela und machst hier den großen Alarm. Du stehst für mich gar nicht auf der Liste, dich hätt ich totgeschlagen.»
Mike erhebt sich.
Wirt: «BLEIB SITZEN, VERDAMMICH NOCH MAL!»
Mike setzt sich wieder.
Mike: «Ja, ist gut, du bist der Wirt. (Zu Frank:) Dich hätt ich totgeschlagen, du Penner.»
Wirt: «Mach dir ’ne Zigarette an.»
Mike: «Dich hätt ich einfach totgeschlagen. Von mir hättest du was mit der Klatsche gekriegt, mit der Hand, du Penner. Mann, du. (In die Runde:) So, prost.»

Roth überkommt die paranoide Vorstellung, dass die Männer am Tresen über *ihn* reden, ein heimtückisches Getuschel, wie ein Juckreiz an einer Stelle, an die man nicht herankommt. *Besser, ich hau ab, sonst krieg ich ’ne Klatsche, mit der Hand.* In dem Moment steht Mike auf und setzt sich zu ihm. Ohne sich vorzustellen:

«Dieses Jahr sind schon drei Jungs gestorben, die jünger waren als ich, da ist das nicht so wichtig.»

«Nee.»

«Einer ist vom Berg gefallen.»

«Ach so.»

«Manchmal mögen die mich hier nicht. Weil ich die Wahrheit sag, dann mögen die mich nicht.»

«Ja.» Gespräche, die erst ab einer gewissen Uhrzeit geführt werden.

«Wie siehst du denn überhaupt aus? Was ist passiert?»

«Hingefallen.»

«Fällt er einfach um.»

«Nicht um, hin.»

«Das glaub ich ja wohl nicht. Du bist ja ein ganz armer Willy.»

Wo er recht hat, hat er recht, denkt Roth. Mike wirft den Kopf zurück, um Rotze hochzuschnorcheln. Dann sabbelt er weiter, ohne Punkt und Komma, Laute wie von einer ausgestorbenen Sprache. Nicht in ein Ohr rein und durchs andere wieder raus, sondern gar nicht erst in eins hinein. Ab und an nickt Roth oder macht «ach so, echt». Er linst Richtung Geldspielautomat. Breda lallt in einer Art deliriösen Aufbäumens immer wieder was in das Gelaber der anderen hinein.

«Davon lebt der Mann da.» Mike zeigt zum Wirt hinterm Tresen.

«Wer?»

«Na, Hardy. Davon wird er über fünfzig. Dafür kriegt er wieder fünfhundert, aber er braucht das. Das Geld, was ich zu bezahlen hab, das zahl ich aus der Hand. Kommst du klar?»

«Glaub schon.»

Roth stellt sich vor, dass aus dem Nichts der Westenmann auftaucht und ihn mit einem gewaltigen Hieb niederstreckt. Der Westenmann ist nämlich nicht in Rumänien, sondern auf der Jagd nach ihm. Ja, so wird es sein. Er kippt seinen Chantré, und plötzlich, als wäre er durch eine morsche Eisdecke gebrochen, sinkt Roth ab in die Betrunkenheit, und seine Erinnerung setzt aus.

The great Escape Die Luft scheint sich kaum zu bewegen. Schräge Schächte Sonnenlicht voller Staubpartikel fallen auf den Boden und bilden dort gelbe Rechtecke. Als Roth sich aufrichten will, wirft ihn ein brutaler Kater sofort wieder zurück ins Bett. In seinem Magen brodelt Batteriesäure. Er schmeckt sie am Gaumen, auf den Lippen, an der Zunge. Er spürt Brechreiz und zugleich dumpfe Wut. Warum um Himmels willen ist er Breda in dieses Höllenloch gefolgt, wieso hat er dem außer Kontrolle geratenen Troll keinen Einhalt geboten? Wer weiß, ob die Klippsteins heil nach Hause gekommen sind, wackelig, wie der arme Rudolf auf den Beinen ist. Er muss unverzüglich nach den beiden sehen. Ist er nicht um die Mittagszeit (es ist kurz nach halb eins) mit ihnen verabredet? Oder?

Frau Klippsteins Haarpraline leuchtet in der Sonne wie ein Helm. In der Wohnung herrscht eine sanfte, von einem feinen, fast vorweihnachtlichen Aroma durchduftete Ruhe.

«Haben Sie alles gut überstanden? Setzen Sie sich erst mal. Ich koche uns schnell einen Kaffee. Mein Mann ist auf dem Balkon, der kommt auch gleich dazu.»

Herr Klippstein sitzt draußen in einer Art Bermudashorts und – muss man sich mal vorstellen – einem UNTERHEMD! in der Farbe von Senf, der über Nacht am Tellerrand getrocknet ist, und scheint ganz versunken in die Lektüre der *Lübecker Nachrichten*. Alle paar Augenblicke schnippt er mit der Hand gegen die Zeitung, als wolle er die Worte ausrichten. Als er Roth bemerkt, schreckt er hoch.

«Ich komme gleich.»

«Lassen Sie sich Zeit.»

Unter Roths Achseln lösen sich dicke Schweißtropfen und laufen über seine Rippen wie kalte Schnecken. *Garantiert stink ich aus dem Maul.* Er haucht in seine Handfläche, der Atem dunstet abgestanden, steinig und schwer, Altmännerbrodem. Auf dem Tisch ist der Salzstreuer umgekippt, die Körner sind überall verstreut. Er nimmt eine Serviette und wischt alles weg. Hat er wenigstens was zu tun. Im Flur stehen Koffer und Taschen präzise nebeneinander aufgereiht.

«Wie war es denn? Wir haben an Sie gedacht.»

«Ich sehe ziemlich lädiert aus, stimmt's? Und dementsprechend war es auch.»

«Sie müssen besser auf sich aufpassen, versprechen Sie das.»

«Ja, in Ordnung, mache ich.»

«Wir verlassen uns darauf.»

Irgendetwas stimmt nicht.

... HERR KLIPPSTEIN IM UNTERHEMD!

... SIE MÜSSEN VERSPRECHEN ...!

... REISEGEPÄCK IM FLUR!

«Aber schön, dass Sie es noch geschafft haben. In einer halben Stunde kommt nämlich das Taxi. Unser Zug geht um 15.06 ab Lübeck, und wir sind immer lieber etwas früh dran als zu spät. Gestern war unser letzter Tag.»

GESTERN. WAR. UNSER. LETZTER. TAG.

Die Worte treffen mit der Wucht einer Faust in Roths Gesicht, seine Kehle fühlt sich an, als wäre sie mit Stacheldraht umwickelt.

«Wir wollten Ihnen das gestern schon sagen, aber dazu fehlte dann ja die Gelegenheit.»

Damit hat er nicht gerechnet. Er hat überhaupt nicht damit gerechnet, dass Klippsteins jemals abreisen könnten. Irgendwie war er davon ausgegangen, sein weiteres Leben mit den Klippsteins zu verbringen, und das wäre sicher ein fabelhaftes Leben geworden. Was mach ich nur, was mach ich nur, was mach denn jetzt nur? Seine Gedanken rasen so schnell, dass er kaum Schritt halten kann. Ein Geräusch steigt in seiner Kehle auf.

«Ach herrje. Herr Roth?»

Frau Klippstein schließt ihn in ihre Arme. Er drückt sein Gesicht an ihre Schulter, damit sie nicht sieht, dass seine Tränen fließen wie brennender Regen.

«Wissen Sie was? Wir geben Ihnen unsere Telefonnummer, dann können wir telefonieren, wann immer Ihnen danach ist.»

«Wirklich?»

«Na klar. Sie erzählen uns, was in Niendorf los ist, und wir berichten, was es bei uns Neues gibt. Und wenn Sie wieder daheim sind, besuchen Sie uns. Oder wir Sie. Rudolf, schreib doch mal die Telefonnummer für Herrn Roth auf.»

Als Herr Klippstein ihm den Zettel in die Hand drückt, wird er vom Weinen überwältigt, das Schluchzen stürzt wie ein Wolkenbruch die Kehle herauf.

Jetzt ist er Breda schutzlos ausgeliefert, preisgegeben wie eine Assel, wenn der vermoderte Baumstamm weggewälzt wird. Warum bricht er nicht einfach seine Zelte ab und lässt Niendorf für alle Zeiten hinter sich?

Weil es so einfach nicht geht.

Weil er noch sechsundzwanzig Tage offen hat.

Weil er noch nie abgebrochen hat.

Weil er noch nie aufgegeben hat.

Ein Buch zu schreiben ist, wie Wasser aus einem Stein zu pressen, das weiß er jetzt. Es hat sich herausgestellt, dass er vielleicht nicht der Talentierteste ist, aber Begabung ist sowieso nur ein Versprechen, das selten eingelöst wird. Begabung ist nicht mehr als die erste Stufe auf dem Weg, es gibt genügend Leute, die Talent haben, aber trotzdem nie etwas zustande bringen. Er scheißt auf Begabung, denn er ist ein Willensmensch, ein Wühler, ein Terrier, wenn er sich erst einmal festgebissen hat, lässt er nicht mehr los. Die Leute scheitern, weil sie Haupt- nicht von

Nebensachen unterscheiden können. Die Leute scheitern, weil es ihnen an Durchhaltevermögen fehlt, sie brechen ab, kapitulieren, schmeißen die Flinte ins Korn, die armen Schweine. Am Ende setzt sich nicht die Begabung durch, sondern der Wille. SUCCESS BREEDS SUCCESS. Das wäre dann also geklärt, und er kann sich seinem anderen Projekt zuwenden.

«Eine Nordseescholle bitte, mit Speck und Krabben.»

Seine Stimme klingt dünn und aufdringlich zugleich, wie die eines Bettlers.

«Zu trinken ein großes Pils und eine Linie.»

Lustlos wie immer tippt Savina die Bestellung in ihren PDA. Was kann er machen, dass sie noch etwas an seinem Tisch bleibt? Geschickt fragen.

«Der Brimborium-Hauscocktail, was ist da eigentlich drin?»

«Vom Prinzip her ist der wie ein HUGO.»

«Also mit Holunderblütensirup und Minze?»

«Glaub ja.»

«Dann nehm ich den.»

«Okay?»

«Und können Sie vielleicht ...»

Er deutet auf die leeren Weingläser auf dem Tisch, die noch von seinen Vorgängern stammen.

«Keine Angst.»

Als sie sich vorbeugt, um die Gläser abzuräumen, streifen ihre Oversize-Creolen seine Wange. Er kämpft gegen den Drang, einen der Ringe in den Mund zu nehmen.

«Und zum Nachtisch eine Kugel Walnusseis mit 2 cl Walnuss-Cognac-Likör.»

Er kann so viel bestellen, wie er will.

«War's das?»

«Einen Augenblick noch.»

Es ist nämlich folgendermaßen: Feuern die Neuronen immer wieder zur gleichen Zeit, wird die Verbindung zwischen den Synapsen verstärkt, und je öfter dies geschieht, desto mehr festigt sich zwischen ihnen eine Verbindung. Anders gesagt: Er möchte Savina die Gelegenheit geben, sich in ihn zu verlieben.

«Nee, doch, das war's erst mal.»

«Okay, danke.»

Er muss nur lange genug durchhalten. Wenn er es wie die Klippsteins irgendwann auf vierzehn Sommerfrischen gebracht hat, ist Savina in den Vierzigern, dann ist es vorbei mit Arroganz und Dünkel, dann schlägt *er* zu. Er sitzt am längeren Hebel, er hat Zeit, er kann warten. Jahr um Jahr um Jahr wird er nach Niendorf zurückkehren, er wird zusehen, wie Savinas Erwartungen an das Leben sinken und sinken und sinken und jede Falte, Beule, Delle sie erreichbarer macht. Das wird was! Über kurz oder lang. Auf den Gedanken, dass *er* dann bereits Mitte sechzig ist, kommt er nicht. Die Erregung zieht seinen Rücken entlang in die Lenden. *Wenn es mit Savina was wird, sterbe ich vor Glück.*

«Zahlen bitte.»

«Bar oder Karte?»

«Bar. Hat übrigens sehr gut geschmeckt.»

«Ich werde es der Küche ausrichten.»

Cool bleiben jetzt! Er stellt seinen vernebelten Hundeblick scharf und blättert einen Fünfzig-Euro-Schein auf den Tisch.

«Stimmt so.»

Zwölf Euro dreißig Trinkgeld, das wird sie sich ja wohl merken.

«Danke.»

Was sie wohl an ihrem freien Tag unternimmt? Chillen? Spazieren gehen? Sich vom Köchlein bekochen und anschließend bespringen lassen?

Er macht noch einen Abstecher zu seinem Stammplatz auf der Seebrücke, der *letzten Bank vor der Ostsee*. Kurz vor Vollmond. Er schaut in den Himmel über sich. Wem bricht dieser Anblick nicht das Herz? Dort werden Entfernungen in Lichtjahren gemessen, und Galaxien werden zu nichts. In die entferntesten Regionen des Universums dringt nicht einmal das Licht vor. Dort ist gar nichts. Absolut nichts.

Irgendwo in der Nähe das fast rhythmische Bellen eines Hundes, es wird zum einzigen Klang des Universums. Keine Vergangenheit, keine Zukunft, nur der Augenblick, der sich nach vorne und nach hinten in die Ewigkeit erstreckt. Von hinten Stapfen, es kommt stetig näher. Hat sich also jemand vorgenommen, ihm den Abend zu versauen. Vor Wut blähen sich seine Nasenflügel.

«Hallo, du!»

Simone ist außer Atem. Ihr XXL-T-Shirt klebt wie eine Briefmarke auf ihrem Bauch. «Geht's wieder besser?»

Der Versuch eines Lächelns verläuft sich in ihrem Gesicht und versickert irgendwo. Er ertappt sich bei dem Gedanken, dass *welche wie Simone* auf der Seebrücke nichts verloren haben. *Was für ein Arsch ich bin, das ist doch nicht zu fassen*. Er hebt die Hand, eher abwinkend als grüßend.

«Du bist wieder da?»

«Ja. Seit ein paar Tagen schon.»

«Setz dich doch.»

Sie pflanzt sich neben ihn, rammt ihre Beine wie Stützpfeiler in die Planken.

«Bei mir ist so weit alles wieder in Ordnung. Wie war's in Zwickau?»

«Oranienburg.»

«Ach ja, Entschuldigung.»

Für ihn ist *drüben* alles Zwickau.

«Also. Tja ...»

Simone starrt ihn an, als hätte sie jetzt schon den Faden verloren.

«Oder bist du nicht in Stimmung für Reden?»

«Nee, doch.»

Ihre Mutter, erzählt sie dann, nach Worten suchend, habe seit der letzten Chemo schwer abgebaut, zu allem Übel drohe die Zwangsversteigerung des Hauses. Die Mutter wehre sich mit Händen und Füßen, in ein Pflegeheim zu gehen, sie wolle unbedingt zu ihr, Simone, nach Niendorf, aber das sei ausgeschlossen. Der Job verlange ihr körperlich und seelisch alles ab, seit Längerem schon laufe sie *auf der Felge*, sämtliche Reserven seien aufgebraucht.

Ob sie nicht Geschwister oder Verwandte habe, die

ihr von der Last etwas abnehmen könnten? Sie schüttelt den Kopf. Ihr älterer Bruder sei tot, der andere habe vor Jahren mit der Familie gebrochen, sonst sei da keiner. Ach so. Ja.

Der Mond glänzt so hell auf dem Meer, dass es aussieht, als würde er sich drehen. Ein schwacher Geruch nach Aprikose breitet sich aus.

«Und sonst so?», fragt er allen Ernstes.

Ihr Gesichtsausdruck bleibt unverändert.

«Wenn du es wirklich wissen willst?»

«Sonst hätte ich nicht gefragt.»

«Markus.»

Im April, erzählt sie nun, habe er einen leichten Schlaganfall erlitten, schon den dritten in zwei Jahren. Immer wieder habe er mit Sprachstörungen, Lähmungserscheinungen und höllischen Kopfschmerzen zu kämpfen. Eigentlich müsste er sofort die Finger von Alkohol und Zigarctten lassen, aber das wolle er auf keinen Fall. Die Beziehung laufe auch schlecht, seit dem Schlaganfall gebe es aus dem Nichts kommende Ausraster, manchmal habe sie regelrecht Angst vor ihm. Sex wolle er auch keinen mehr. Libido gleich null. Bocklosigkeit total.

Roth erschaudert. Bitte keine Details! Aber Simones Herz fließt nun über: Früher habe er nicht genug bekommen können von ihr, und jetzt sei sie ihm plötzlich zu fett. Halbieren solle sie sich. Würde sie ja, wenn sie nur wüsste, wie.

«Tja», sagt Roth hilflos, «tut mir leid.»

«Ich wollte dir zwischendurch 'ne Nachricht schreiben,

aber ich hatte deine Nummer nicht. Und du hast dich ja auch nicht gemeldet. Wie ist es dir denn ergangen?»

«Och», sagt Roth, «ganz gut so weit, alles noch dran.»

«Guck mal, das Meer. Bei Vollmond beginnt es zu glänzen, und wenn du eine Weile darauf gestarrt hast, macht es dich ganz verrückt.»

«Tja, stimmt.»

Dann sitzen sie und schweigen.

Roth streckt den Arm über die Bettkante hinaus und setzt die Fingerspitzen auf die kühle Wand. In dieser Position wird er ein paar Minuten verharren, bevor er aufsteht. Er hat keine Lust, zu essen, sich zu waschen, die Zähne zu putzen, die Nägel zu schneiden, das Bett zu machen. Das Display der Revox leuchtet schwach. Meine Güte, dann war die beknackte Maschine die ganze Zeit an. Sofort abstellen! Laufwerk schonen, Tonkopf schonen, Löschkopf schonen, Apparat schonen! Hätte er das Material digitalisieren lassen, müsste er sich nicht mit diesem siebzehn Kilo schweren Trumm aus dem letzten Jahrtausend herumplagen. Und wenn er das Material einem professionellen Ghostwriter überlassen hätte, hätte der es längst gesichtet, geordnet, in Form gebracht. Hätte er sich nicht in diese idiotische Buchidee reingesteigert, wäre er nicht hier. Nichts wäre passiert, kein Breda, kein Westenmann, kein Garnichts. *Die wollen mich fertigmachen; Breda, Fiona, Stefanie, Westenmann, Savina, und täglich werden es mehr.*

Und die Klippsteins? Was ist eigentlich mit den Klippsteins? Zumindest Bescheid geben hätten sie können, dass sie gut zu Hause angekommen sind. Mimen die Philanthropen, und dann kommt wie bei allen auch nur heiße Luft. Noch nicht mal für eine SMS hat's gereicht. Haben wahrscheinlich keine Ahnung, wie man die verschickt. Alt und dumm, Methusalem und Methusalinchen, die sich durch ihre dritten Zähne angrinsen und aufs Mittagessen warten. Prost Mahlzeit. Danke für nichts.

Dann fällt ihm ein, dass er nicht ihnen seine Nummer gegeben hat, sondern umgekehrt. Und er hat keine Ahnung, wo der Zettel abgeblieben ist.

Das Telefon pingt.

Simone und ich gehen nachher in den Spinner,
wir holen dich ab.

Soso. Breda weiß natürlich, dass die Klippsteins abgereist sind. Breda weiß alles, Schlaganfall hin, Alkoholismus her. Auch schadet Alkohol Breda nicht, schadet Alkohol ihm nicht *mehr*, im Gegenteil, er ist zu einem lebenswichtigen Fluidum geworden, das alles am Laufen hält. Bredas Schwäche ist nur Tarnung, er verfügt über unerklärliche Kräfte. Dreht Hunderte tonnenschwerer Strandkörbe, ist Ferienwohnungsmogul und Inhaber eines Alkoholspezialfeinkostdelikatessengeschäfts, Platin-Multijobber de luxe. In jeder Saison sucht er sich ein neues Opfer, nur deshalb ist er überhaupt in der Vermietung tätig, er hockt im Kabuff wie die Spinne im Netz, ein Wiedergänger von Norman Bates, der nur darauf wartet, dass sich jemand in sein Hotel verirrt. Breda wird sich an ihn hängen, völlig zwecklos, ihn loswerden zu wollen, je verzweifelter man strampelt, desto mehr verheddert man sich in seinem Netz.

Geht er eben mit Breda und Simone in den Spinner. Da weiß man wenigstens, was man hat. Die Klippsteins mit ihren reinen Herzen, genauso Fake wie ihre verlogene Güte. Güte = Lüge. Wer meldet sich, kümmert sich, denkt an ihn? Die alten Reptilien oder der treue Breda? Eben. Dann also nachher in den Spinner. Wann ist *nachher*?

20 Uhr, Tagesschau, so etwas wie Normalität.

Expeditionen ins Tierreich.

Die x-te Wiederholung von *Full Metal Jacket.*

Auf D-Max *Die Zwangsvollstrecker.*

Ein Königreich für Breda und Simone.

Es klingelt. Endlich. Roth folgt Simone und Breda mit wankenden Beinen, schwindelndem Kopf, hämmerndem Herzen und keuchenden Lungen.

«Tier mit acht Buchstaben?»

Breda lacht sich vor Vorfreude scheckig und entblößt dabei kaninchenartig seine verfärbten Vorderzähne. Jedes Wort wird von einem Sprühregen aus Spucke begleitet.

«Klistier?», löst Simone auf. Sie kennt den Witz schon.

«Hahaha.»

Wenn man nicht verrückt werden will, muss man immer aufs Neue so tun, als wäre alles ganz normal.

«Simone und ich ergänzen uns gut: Ich hab Würmer, und sie angelt gerne.»

«Bruhaha.»

«Vorbeugen ist besser, als auf die Schuhe zu kotzen.»

«Harharhoho.»

«Lieber lange nichts als Langeweile.»

Arghargharghh.

«NOCH DREI BIER UND DREI DOPPELTE CHANTRÉ!»

Breda nimmt jetzt seine *Lebensgefährtin* ins Visier: «Weissu was, Simone?»

«Nee, was denn?»

«Du hast 'ne Taille wie 'n Benzinkanister. Bruhaha.»

Zu Roth, zwinkernd: «Oder wie siehst du das? 'ne richtige Büffelhüfte hat se, Wellblech unterm Röckchen, weißt Bescheid, nä?»

Simone legt den Kopf schief und lächelt gequält. Bredas Lachen geht über in einen Hustenkrampf, steigert sich zu einem Erstickungsanfall. Gleich fällt er tot um, denkt Roth. Von wegen, es folgt eine Kanonade von völlig unverbundenen Quatschsätzen.

«Brust raus, unten gerade und los geht's.»

«Da sind meine Gefühle mit mir Gassi gegangen.»

«Betriebswirtschaft modern – Höschen runter, Ärmel rauf.»

«Nachdurst ist schlimmer als Heimweh.»

Irgendwann geht ihm die Puste aus, und Breda und Simone begeben sich zur Jukebox.

«Wir komm gleich wieda.»

Der Abend wird lang.

Wieder ein Erwachen in völliger Verwüstung. Immerhin hat er sich nicht auf die Fresse gepackt. Er hebt die Decke und stellt an sich einen unbekannten Geruch fest, der ihn lähmt, seine Nase verstopft und dort sitzen bleibt, er kann das Innere seiner Nase riechen. Das Aroma von Verfall, Fäulnis, Verhängnis, der Gestank nach altem Bock. Niendorf-Flavour.

Daheim wird er sich sofort auf Alkoholentzug begeben. Vielleicht Heilfasten. Radikale Entgiftung, bis sich seine Zellen so oft erneuert haben, dass die alten, kontaminierten nur noch ferne Erinnerung sind.

Die Klippsteins? Aus den Augen, aus dem Sinn. Unbarmherzige Samariter, kalt wie Eis. Sie könnten doch ohne Probleme über die Hausverwaltung seine Kontaktdaten herauskriegen oder ihm eine Karte an die Niendorfer Adresse schicken. Oder alles ist ganz anders, als er dachte: Die Klippsteins gibt und gab es nämlich nicht, Phantome, einer Fantasie, genauer: Wunschvorstellung, entsprungen. Vielleicht ist sowieso alles ganz anders, als man immer so glaubt. Er blickt sich um, schaut, ob jemand seine Gedanken sehen kann.

Der Tag verrinnt in den Abend. Wo bleibt Breda? Der müsste ihn doch langsam mal abholen. Doch er lässt und lässt und lässt sich nicht blicken. Hat sich Roth im Spinner danebenbenommen, randaliert, die Zeche geprellt, den Laden vollgekotzt? Das Letzte, woran er sich erinnern kann, ist, wie Mike schon wieder erzählt, dass drei seiner Jungs letztes Jahr gestorben sind.

Hallo, Markus, wie sieht es aus heute Abend?
Habt ihr schon was vor?

Gute Fragen. Keine Reaktion.

Hallo, Markus, falls ich im Spinner Scheiße gebaut hab, tut es mir leid, muss wohl einen Filmriss gehabt haben.

Keine Reaktion.

Dann eben nicht. Er denkt an Savina und holt seinen Schwanz raus. Runzlig und schlapp wie ein Hahnenkamm, die Eier zu einem schlaffen Gewebesack geschrumpft, zu nichts zu gebrauchen. 21.30, sie müsste demnächst Feierabend haben. Er könnte versuchen herauszubekommen, wo sie wohnt.

Gesagt, getan.

Um 21.47 verlässt sie das Brimborium. Biegt rechts ab in die Nagelsallee, die Pamirstaße und wieder rechts in die Straße Am Wittinghaaf, wo sie in einem dreistöckigen Mehrfamilienhaus verschwindet. Ob sie ganzjährig in Niendorf lebt oder sich nur für die Saison einmietet? Das gilt es herauszufinden. Auch an ihre Telefonnummer muss er irgendwie gelangen.

Das einzige Geräusch kommt von einem Nachtfalter, der gegen die Lampe fliegt. Jedes Mal, wenn er gegen das Glas schlägt, macht es ein dumpfes Geräusch. Als der Falter irgendwann aufgibt oder tot zu Boden fällt oder hinaus in die Freiheit fliegt, senkt sich Stille über alles, eine niederschmetternde, unnatürliche Stille.

Auch am nächsten Tag nichts von Breda, und am übernächsten auch nicht. Weg, verschollen, vom Erdboden verschluckt. Auf Anrufe reagiert er ebenso wenig wie auf Nachrichten. Roth lässt jetzt nachts immer das Licht im Schlafzimmer an. *Morgen geht es endlich wieder mit der Arbeit weiter, ich werde mich aus der Asche erheben und mit frischen Kräften meine Aufgabe beenden.*

Mein älterer Bruder Philipp, in Kindheit und Jugend stets brav und folgsam, freundlich, fast etwas *zu* still, Liebling meiner Mutter und erklärter Favorit meines Vaters, entwickelte sich mit den Jahren zum schwarzen Schaf der Familie. Nachdem er mit Ach und Krach sein Abitur bestanden hatte, verschwand er von einem Tag auf den anderen, ohne eine Nachricht, ohne irgendwas zu hinterlassen. So bitter die Enttäuschung meines Vaters, so tief war der Kummer meiner Mutter. Nach einem quälenden Jahr ohne Lebenszeichen dann endlich Nachricht, aus dem fernen Kolumbien. Es gehe ihm gut, schrieb Philipp, lange habe der Entschluss in ihm gereift, nicht in die Firma einzusteigen, sondern seinen eigenen Weg zu gehen und die Welt zu bereisen. Da er seiner eigenen Entschlossenheit misstraut habe, habe er sich zu diesem radikalen, für alle schmerzhaften Schritt entschlossen. Wenn man jung ist, mag Reisen den Horizont erweitern, den Charakter formen, fitmachen für zukünftige Aufgaben. Wenn man allerdings, wie Philipp, mit bald sechzig in einem heruntergekommenen

Hippiecamp auf Ibiza strandet, hat man zweifelsohne den Zeitpunkt verpasst, rechtzeitig abzubiegen.

Finde den Fehler. Vielleicht hat irgendeine Kleinigkeit den Text verseucht, wie ein Tropfen Gift einen ganzen Brunnen, ein falsch gesetztes Komma, ein missratener Halbsatz, eine Wortwiederholung; irgendetwas, das er übersehen hat. Schwer zu sagen. Er schreibt weiter.

Die sonntäglichen Ausflüge zu den Großeltern im Strichachter meines Vaters bedeuteten für mich stets eine Qual, da mein Vater die Angewohnheit hatte, auch im Winter, bei geschlossenen Scheiben, eine Zigarette nach der anderen zu rauchen, gelegentlich sogar Pfeife. Mir wurde regelmäßig übel, aber ich wagte nie zu protestieren, da mein Vater nicht nur leidenschaftlicher Automobilist, sondern ebenso leidenschaftlicher Raucher war. Er erwähnte in diesem Zusammenhang oft den «Zauberberg», aus dem er wörtlich zu zitieren vermochte: «Ich verstehe es nicht, wie jemand nicht rauchen kann, – er bringt sich doch, sozusagen, um des Lebens bestes Teil (...) und wenn ich morgens sagen müßte: heut gibt's nichts zu rauchen, – ich glaube, ich fände den Mut gar nicht, aufzustehen (...) hat man eine gute Zigarre, dann ist man eigentlich geborgen, es kann einem buchstäblich nichts geschehen.»

Auch eine Möglichkeit: sich mit Zitaten über Wasser halten. Kurzer eigener Satz, langes Zitat. Thomas Mann passt immer. *Noch* eine Möglichkeit: Es fehlt ein einziger initialer Satz, der Schlüsselsatz, Urknallsatz. Unter den Milliarden und Abermilliarden Sätzen gibt es ein *Sesam, öffne dich!*, und wenn er das gefunden hat, schreibt sich das Buch von selbst. Die Ader an seinem Halsansatz pocht vor Erregung. Der Satz ist ganz tief in seinem Kopf vergraben, er braucht diesen wertvollen Schatz nur zu heben. Er weiß auch schon, wie. Er besorgt sich auf dem Lübecker Drogenschwarzmarkt Morphium und trinkt eine halbe Flasche Wodka auf ex. Dann setzt er sich eine haushaltsübliche Vierkantreibe ans Stirnbein und schmirgelt los. Durch Haare, Kopfhaut, Bindegewebe schmirgelt er sich vor bis zum Schädelknochen und zur Sutura frontalis. Das Morphium wirkt, er empfindet praktisch keinen Schmerz. Überschwemmt von der Droge und vom Adrenalin raspelt und schmirgelt und hobelt er wie von Sinnen; nicht nachlassen, weiterschmirgeln, vom Schädeldach zur Schädelbasis, und dann tiefer, immer tiefer! Das Blut fließt in Strömen, der Boden ist bedeckt von einem blutig-braunen Schmodder aus Haut, Knochen und Hirnmasse; gleich hat er's, durchhalten, weiterschmirgeln, vorschmirgeln ...

Er schreckt hoch und betastet seinen Kopf. Haarig, fettig, schweißig, unblutig. Aber so könnte es gehen: EIN SATZ, wie der Lichtpilz einer Atombombe. Aus einem Satz werden zwei, ein Absatz, eine Seite, den Rest wird er in Ruhe zu Hause zu Ende schreiben. Abends. An den Wochenenden. Im Urlaub.

Eineinhalb Stunden lauert er bereits, als sich endlich – Simsalabim, Hokuspokus Fidibus – die Brimboriumtür öffnet. Er wird Savina ein Leben ermöglichen, wie sie es verdient hat. Vierundvierzig ... fünfundvierzig ... los! Er vertritt sich nur die Beine; dass sie sich treffen: reiner Zufall.

«Na, endlich Feierabend?» Er steht steif da wie ein Mast, ein unbeholfenes Grienen entstellt seine Züge.

«Ja, wieso?» In ihren Augen ein Ausdruck von Mitleid und Zurückweisung.

«Sie erkennen mich, ja? Ich war schon oft im Brimborium.»

Sie schaut sich suchend um.

«Ja», sagt sie dann. «Und?»

«Ich wollte nur Hallo sagen. Also dann, noch einen schönen Abend.»

«Danke gleichfalls.»

Ein entsetzlicher, verkrüppelter Moment. Er schaut Savina hinterher, bis die Dunkelheit sie auslöscht wie einen Kreidestrich auf einer schwarzen Tafel. Das Gefühl von Scham und Versagen ist so heftig, dass ein paar Tränen in seine Augen treten; sinken, sinken, untertauchen in der Scham.

Stundenlang grübelt er darüber nach, was er falsch gemacht hat, und gelangt zu dem Schluss, dass er zu zögerlich vorgegangen ist. Savina braucht klare Ansagen.

«LOS, WIR GEHEN NOCH WAS TRINKEN.»

«Aber es ist schon spät.»

«KEINE WIDERREDE. AB JETZT.»

«Ja, klar.»

Das Reich der Liebe ist ein Reich ohne Barmherzigkeit, Softies haben keine Chance, und bei Savina schon mal sowieso nicht.

Während er duscht, denkt er an den Totenwäscher, der seine Leiche aufbahren und herrichten wird. Er nimmt sich vor, dem *Heimbürgen* (Gänsehautwort!) die Arbeit so leicht wie möglich zu machen. Gleich nach seinem Ableben, noch bevor der Leichenfraß einsetzt, sich Essigfliegen, Maden, Rüsselkäfer, Samtameisen, Pferdebremsen, Eiterraupen, Milben einnisten und es in seinem Inneren zu krabbeln und zu schwären und zu brutzeln und zu brodeln beginnt, soll sein Körper gewaschen und einbalsamiert werden. Niemand soll behaupten, dass seine Leiche widerlich stinkt und dies sicher seinen guten bzw. schlechten Grund hat: dass nämlich jemand, dessen Leiche derart stinkt, etwas Schlimmes verbrochen haben muss. Nein, nein, er hat ein reines Gewissen, weshalb auch seine sterbliche Hülle nach Rosen und Narzissen duften wird.

Seit einer Woche nun schon sind Breda und Simone verschwunden. In der Zeitung steht auch nichts. Und die Klippsteins? Er hätte es nicht für möglich gehalten, dass die ihn derart hängen lassen. Ein Verbrechen gegen die Menschlichkeit. Aber vielleicht gibt es sie tatsächlich nicht, hat sie nie gegeben.

Zufällig findet er in einem versteckten Fach der *Multifunktionswohnwand in Endlosbauweise* ein paar zerlesene Bücher. Das Übliche: Dan Brown: Sakrileg / John Strelecky:

Das Café am Rande der Welt / Harper Lee: Wer die Nachtigall stört / Sebastian Fitzek: Das Geschenk / J. K. Rowling: Harry Potter und der Feuerkelch / Lucinda Riley: Die verschwundene Schwester / Kerstin Gier: Vergissmeinnicht / Donna Leon: Stille Wasser / Ingeborg Bachmann, Paul Celan: Herzzeit. Briefwechsel.

Moment, denkt er, Bachmann, Celan, Gruppe 47, die gibt es ja auch noch.

Der erste Brief ist von Ingeborg Bachmann und datiert aus dem Jahr 1949.

Wien, 24. 6. 49

Du Lieber

(...) für mich bist du aus Indien oder einem noch verloreneren, dunklen, braunen Land, für mich bist du Wüste und Meer und alles was Geheimnis ist (...) Führ mich an die Seine, wir wollen so lange hineinschauen, bis wir kleine Fische geworden sind und uns wieder erkennen (...)

Paris, 20. 8. 49

Meine liebe Ingeborg

(...) wie weit oder nah bist du, Ingeborg? Sag es mir, damit ich weiß, ob du die Augen schließt, wenn ich dich jetzt küsse (...)

Paris, 16. 2. 52

Liebe Ingeborg

(...) lass uns nicht mehr von Dingen sprechen, die unwiderruflich sind. Wir wissen genug voneinander, um uns

bewusst zu machen, dass nur die Freundschaft zwischen uns möglich bleibt. Das andere ist unrettbar verloren (...)

Wien, 14. 7. 1952

Lieber Paul
Das ist ein Sommer ohne Ende, und ich frage mich, was werden soll nach alldem.

Ganz schön traurig, denkt Roth und blättert weiter.

Paris, 23. 11. 57

eine Zeile nur, die dir danken will, von Herzen, für alles. Dass wir unsere Herzen damals zu Tode hetzen mussten, mit so viel Geringfügigem, Ingeborg! Wem haben wir gehorcht, sag, wem?

München, 17. 2. 58

Paul, ich bin kaum fähig, zu schreiben, zu antworten. So viel Arbeit, so viel Müdigkeit und Erschöpfung.

Kaum zum Aushalten. In seiner Verfassung. Er schlägt das Buch zu und stellt es zurück zu den anderen.

Wenn Savina einen Freund/Mann hätte, würde der sie doch gelegentlich mal von der Arbeit abholen. Aber sie hat keinen. Weil sie auf den Richtigen wartet, der heutzutage schwer zu finden ist. Roth nimmt ihre Fährte auf, ein Satyr, geil und geifernd, die Ecken ausschnüffelnd, seine Ausscheidungen verscharrend. Wieder läuft er ihr hinterher, vom Brimborium bis zu dem Mehrfamilienhaus.

Nachdem das Licht im Treppenhaus erloschen ist, studiert er das Klingeltableau. S. Schmidt oder S. Zielinski. Zielinski klingt polnisch, das passt nicht, also Savina Schmidt. Savina Schmidt. Savina Schmidt-Roth. Savina Roth.

Ungezählt und unverzeichnet gehen die Tage dahin. Schlaf ist ein Loch in der Zeit, manchmal weiß er nicht, ob das Grau vor seinem Fenster die Morgen- oder die Abenddämmerung ist. Direkt nach dem Aufwachen hat er den Westenmann, Savina, Breda, Stefanie, Fiona, B 77 für den Bruchteil einer Sekunde vergessen, bis ihm alles wieder einfällt.

Wie verschmolzen mit dem weißen Gartencenter-Plastikstuhl sitzt er auf dem Balkon. Das Licht färbt die Wellen heute chromgrün, die Farbe der Gischt wechselt immer wieder in ein trübes Goldgrün über.

Savina, Savina, Savina.
Dein Chic und dein Charme, der gefällt.
Savina, Savina, Savina,
Du bist ja die Schönste der Welt.
Wunderbares Mädchen,
Bald sind wir ein Pärchen.
Komm, lass mich nie alleine,
Oh no, no, no, no, no!

Von wegen, dass man sich im Alter nicht mehr verlieben kann, Romantik und Sehnsucht der Jugend vorbehalten ist. *Ich bin nur ein furzender alter Ziegenbock, aber ich stehe in Flammen, es rauscht in meinen Adern.* Nachher wird er wieder einen Abendspaziergang machen.

«Na, bist du wieder am Spannen?»

Savinas Freund ist einen halben Kopf größer als Roth, Typ Fremdenlegionär. Roth hat das Gefühl, einem Übermenschen gegenüberzustehen. Savina tritt mit brennender Zigarette aus der Haustür.

«Wichser.»

Die Zeit der Demütigungen ist gerade erst angebrochen.

«Hast du Angst? Soll ich mal deinen Kopf ins Meer halten, damit du ein bisschen abkühlst?»

«Lass, Sven. Ist der doch gar nicht wert.»

Sven heißt der also. Sven wird ihm die Knochen ausrenken, ihn in siedendes Fett werfen und in der Ostsee ersaufen. Jemand (z. B. ein Nachbar) müsste deeskalierend auf den einwirken, eine Gefährderansprache halten. Selbst wenn Sven zwanzig Zentimeter kleiner und vierzig Kilo leichter wäre, hätte Roth keine Chance. Seine letzte Schlägerei liegt Jahrzehnte zurück. Er hatte damals eine Niederlage einstecken müssen, von der er sich bis heute nicht erholt hat, die Erniedrigung hängt ihm noch immer nach. *Ich hatte keinen Mumm in den Knochen und hab noch immer keinen.* Menschen, die dauernd Rücksicht nehmen, haben in Wahrheit nur Angst vor Schlägereien.

Sven hat nun mit einer Pranke seine Schulter in einen unangenehmen Klammergriff genommen. «Steck dir den Finger in den Arsch.»

«Wie bitte?»

«Hast du keinen Respekt vor Frauen, Alter?»

Respekt, Stolz und Ehre ist was für Menschen mit Migrationshintergrund, denkt Roth, behält es aber für sich.

«Du ziehst die Hose runter und steckst dir deinen Mittelfinger in den Arsch.»

Roth weiß, dass ihm absolut nichts anderes übrig bleibt. Er lässt die Hose runter.

«Los jetzt. Bis zum Anschlag.»

Ich hätte mir die Nägel schneiden sollen, denkt Roth, als der Mittelfinger in seinen After eindringt.

«Schneller. Tiefer. Rausziehen und dran riechen.»

Es rauscht sehr laut in seinen Ohren. Svens Stimme hört er wie von ferne.

«Jetzt kannst du nach Hause gehen. Schönen Urlaub noch.»

Auf dem Nachhauseweg muss sich Roth übergeben. Er würgt, bis ihm die Tränen in die Augen steigen. Vollkommen erschöpft kniet er über das Erbrochene gebeugt. Aus der Entfernung könnte man meinen, dass er betet.

Russische Wochen Tagsüber simmert die Hitze, die Nächte sind heiß und schwer. Er fühlt sich wie gestern und wie vorgestern und vorvorgestern, eine Null, ein Vakuum, vom Licht der Zukunft abgeschnitten. Einsamkeit nimmt die gesamte Wohnung ein, als wäre der Sauerstoff weggeatmet, Verzweiflung füllt die Nächte aus und brennt die Tage leer. Jeden Morgen wacht er zwischen halb vier und vier auf, der Stunde, in der die Irren, Verbrecher und Säufer aufwachen und wissen, dass für sie kein Schlaf mehr da ist. Mit weit geöffneten Augen wartet er auf die Morgendämmerung, darauf, dass das Licht sich ausdehnt. Ein Sonnenaufgang ist doch etwas Entsetzliches, wenn sich nach und nach die Schrecken aus der Dunkelheit schälen. Der weiße Plastikstuhl ist umgefallen, es sieht aus, denkt Roth, als wäre er vor vielen Jahren in einem Regenguss vergessen worden und würde seither dort trocknen. Wirres Zeug schießt ihm durch den Kopf, flache Gedanken, Fragmente, undatierte Erinnerungsfetzen, mit denen er nichts anfangen kann. Früher schien ihm eine Stunde wie eine Ewigkeit, jetzt kann er nachmittagelang auf dem Sofa oder dem Balkon sitzen und gleichgültig daran denken, dass er morgen genauso dasitzen wird, und übermorgen wieder. Es lohnt nicht, über etwas nachzudenken, wenn man nicht genügend darüber weiß. *Was könnte ich heute tun, das der Mühe wert wäre?* Gute Frage. Er macht ein Spiel daraus, die Schritte zu zählen, die er braucht, um vom Sessel zum Fenster, vom Sessel zum Bad, vom Sessel zum Flur zu gehen. Das Treiben draußen auf der Promenade, wie überhaupt alles, geht auch ohne ihn weiter, so wie es weitergeht, wenn er tot ist. Seine Welt zerfällt, im Inneren wie im Äußeren, eine Stahlkugel, deren Schweißnähte sich auflösen. Ihn fasziniert die Vision seines bevorstehenden Untergangs.

Saturday Night. Partytime. Neben Wirt Helmut, den Stammgästen Hardy, Mike und Frank ein Unbekannter in Zunftkleidung und Zimmermannshut. Dachdecker oder Zimmermann oder Gerüstbauer oder so was. Helmut schlurft herbei / schlurft an / kommt angeschlurft / herangeschlurft / nähert sich schlurfend Roths Tisch. Er trägt Hausschuhe.

«Was kann ich Gutes für dich tun?»

Seine untere Zahnreihe ist gelb wie die eines Hundes, links oben fehlen zwei Zähne.

«Bier und doppelten Weinbrand.»

«Aye, aye, Sir, wird sofort erledigt.»

Wenn er nur oft genug kommt und lange genug bleibt, wird sich zwischen denen und ihm eine farb- und geruchlose, sehr haltbare Verbindung ergeben.

Hardy: «Seit meine Frau bei der Bahn arbeitet, schlägt sie täglich bis zu 1800 Eier mit der Hand auf und hat immer noch Spaß daran. Sie selber mag ihre Eier aber lieber hart gekocht.»

Mike: «Mehr als kaputtgehen kann man nicht.»

Hardy: «Hörst du überhaupt zu?»

Mike: «Logisch hör ich zu.»

Frank: «Bock of my Pillermann?»

Mike: «Ach, jetzt meldest du dich, Frank, jetzt meldest du dich auch mal. Du stehst doch schon in der Wanne, bevor das Wasser warm ist. Halt lieber dein Maul.»

Hardy: «Stark am Glas, schwach im Herzen. Prost!»

ALLE: «Prost.»

Roth sitzt an seinem Tisch und lauscht. Eine aus den Fugen geratene Säufer- und Irrenparallelwelt.

Mike: «Da ist der Fremde wieder.»

Hardy: «Das ist kein Fremder.»

Helmut (in Richtung Roth): «NUN KOMM DOCH MAL RÜBER HIER.»

Roth tut, wie ihm geheißen.

Hardy: «Ist dein Glückstag heute. Russische Wochen im Spinner.»

Roth: «Wie meinen?»

Hardy: «Das ist Krim-Klaus. (Deutet auf den Dachdecker.) Immer, wenn Klaus kommt, sind russische Wochen.»

Mike: «Klaus macht Reetdächer. Auf Amrum, Sylt, Föhr und so, wo die Leute richtig Patte haben.»

Hardy (zu Klaus): «Zeig mal deinen Zollstock.»

Klaus zieht grunzend einen Zollstock aus seiner Hose.

Hardy: «Fahr mal aus, das Teil.»

Klaus fährt die Elle aus.

Mike: «Guck mal, wie lang der ist.»

Roth: «Ja, wie lang ist der denn?»

Mike: «Hundertsechzig Zentimeter.»

Roth: «Ah so.» Er kennt sich mit Zollstocklängen nicht aus.

Hardy: «Das ist ein ganz alter, Fünfzigerjahre, 'ne regelrechte Antiquität. Heute haben die alle standardmäßig zwei Meter.»

Mike: «Wenn Klaus zu den Leuten kommt für den Kostenvoranschlag, misst er das Dach vor denen ihren Augen aus. Er sacht dann immer *zwei Meter mal zwei Meter mal zwei Meter mal zwei Meter* und so weiter, wie lang das Dach eben ist. Und dann alles noch mal in der Breite.»

Hardy: «Verstehst du? Statt zwei Meter nur ein Meter sechzig. Bei jedem Dach bescheißt er seine Auftraggeber um zwanzig Prozent. Mit so einem billigen Trick. Und die ganzen Jahre ist ihm nie einer draufgekommen.»

Mike: «Den ganzen reichen Arschlöchern ist das egal, die haben Geld ohne Ende.»

Hardy: «Darum werden die auch beschissen ohne Ende. Die Leute geben ihm die Kohle oft in bar. Verstehst du? Fünfzig-, sechzigtausend in kleinen Scheinen, das drängen die ihm regelrecht auf.»

Mike: «Und immer, wenn Klaus ein Dach fertig hat, sind russische Wochen.»

Klaus: «Helmut, machst du noch mal einen Krimskoye und einen Moskovskaya für unseren neuen Gast?»

Roth hat in seinem ganzen Leben noch keinen roten Sekt getrunken.

Ich bin gut drauf und trink roten Sekt.
Weiß erst jetzt, wie gut Paella schmeckt.
Und steh mit Freunden abends an der Bar.
Wer braucht dich? Ich hab Ibiza.

Hardy: «So, und nun weißt du Bescheid.»

Mike: «Wenn man einen Dachschaden hat, muss man den Dachdecker rufen.»

Klaus: «Zieh dich zurück. Erkläre nichts. Bring es zu Ende und lass sie heulen. Prost.»

Hardy: «Manchmal muss man Befehle geben, ohne zuzuhören, und manchmal muss man zuhören, ohne Befehle zu geben.»

Frank: «Er trank Wodka, sie stand so da.»

Nach und nach versinkt der Spinner in einem Gurgeln und Simmern und Rauschen und Dröhnen. Draußen lauert sicher schon der Westenmann. *Seine kalte Hand hat meine berührt, aber ich bin ihm entwischt. Jetzt rieche ich seinen Atem und sehe seine roten Augen in der Dunkelheit.*

Seine Alkoholvorräte sind so gut wie erschöpft, es gibt nur noch eine Flasche Wein, Blutorangenlikör, etwas Rum. Ein Gang zu Edeka Jens ist unvermeidlich. Wie sieht er eigentlich mittlerweile aus? Er stellt sich mit dem Gesicht an den

Spiegel, bis er mit der Nasenspitze das Glas berührt. Nicht wiederzuerkennen. Er weiß nicht mehr, wer er ist. Er ist irgendetwas anderes geworden. Auf seinem dörrfruchtartigen, papierhäutigen Gesicht hat sich eine seltsame Färbung ausgebreitet, eine kranke Blässe, die Bartstoppeln sind scharf und nagelbretthart. Seine Haare stehen in alle Richtungen ab, wodurch sein Kopf aussieht wie eine Klobürste. *So kann ich unmöglich vor die Tür.* Er nimmt eine Dusche, wäscht sich die Haare, rasiert sich, schneidet Finger- und Fußnägel.

In der Fensterfront von E-Jens betrachtet er sein Spiegelbild, seinen VERFALL. Kopf voran, Rücken krumm, ein o-beiniges Geschiebe, als trüge er zu große Schuhe oder als zögen irgendwelche Kräfte die Sehnen und Bänder in seinem Bauch zusammen. Gott ach Gott ach Gott. *Das ganze Unterfangen steht unter einem unglücklichen Stern.* Das sind so die staksigen Formulierungen in seinem inneren Monolog. Auf dem Rückweg besorgt er sich vier Döner-Mix-Teller, auf Vorrat. Zwei verschlingt er auf der Stelle, die anderen vergisst er in den Kühlschrank zu tun.

Sein vom Schrottfraß aufgewühlter Magen brennt. Er trinkt eine halbe Flasche Gin und noch einen kleinen Brandy hinterher, für den Mundgeschmack. Irgendwo dahinten, auf der gegenüberliegenden Seite, liegt Fehmarn. Heiligenhafen, dann Fehmarn. Über ihm die stille, funkelnde Sternenmasse, heute kann man sicher bis in den hintersten Winkel des Universums sehen. *Gleich stürzt die Nacht in sich zusammen, weil sie die Last der Sterne nicht mehr tragen kann.* Er selbst ist der Wind, aufgelöst in den oberen Sphären, und er kann die gesamte Lübecker Bucht überblicken.

Gott im Himmel
mit deiner scharf vorspringenden Nase, dem spitzen Kinn und den aufgesprungenen Lippen.
Dein Bart ist welk und fransig.
Deine Augen, weiß wie zwei geschälte, in den Schädel gebohrte Eier, machen mir Angst.
Dein Haar steht senkrecht vom Kopf ab wie die Borsten eines Tieres.
Dein Atem riecht nach Müll; wenn du lachst, hart wie Hundegebell, könnte man meinen, dein Gesicht würde in tausend Teile zerplatzen.
Wenn ich mich ganz auf die Zehenspitzen stelle, kann ich in deinen verdorrten, rissigen Schlund hineinsehen. Nicht schön, gar nicht schön.
Hör dir doch mal selber zu: leeres Gewäsch, dünne Gedanken,
falsche Versprechungen, Mahnungen, Forderungen, Drohungen, Verfluchungen, das ist alles, was du draufhast.
Doch so läuft das nicht.
So läuft das nicht länger.
Es hat einfach keinen Zweck mehr mit dir.
Du bist vergiftet, verwittert, gebrechlich, irre.
Du trägst keine Schuld, du bedarfst unserer Hilfe.
Wir sollten gnädig sein und dir vergeben.

Aus seinem Mund scheinen Dünste in sein Gehirn aufzusteigen und ihn benommen zu machen. Ein Geräusch wird zu einer Farbe, Farben werden zu Gerüchen, die Wände beginnen zu atmen, das Zimmer zerfällt vor seinen Augen, beginnt zu zoomen, spaltet sich auf, Molekül für Molekül, es stinkt nach Phosphor, die Angst rast vibrierend die Aorta hinauf und saugt ihm das Fleisch von den Knochen. Er hat lange Splitter aus weißem Rauschen in den Ohren.

Bad Trip. Really Bad Trip. Seine Augen sind voller Tränen. Er weint um sich selbst, weil er spürt, wie sich das Leben von ihm herunterschält, er weint, weil er Angst davor hat, alleine in der Nacht zu sterben. Und selbst der überzeugteste Atheist denkt im Moment des Todes dummes Zeug à la: «Ach, meine liebe Omi, jetzt bin ich bald bei dir.»

Aber er will noch nicht sterben.

Bettenwechsel Er muss hier weg. Unverzüglich.

Er schraubt sich aus dem Sofa, ein Rasen in seinen Ohren, ihn schwindelt, er muss sich an der Lehne festhalten, sinkt zurück ins Sofa.

Einatmen, ausatmen, Gedanken fassen.

Kräfte sammeln.

Den Atem beruhigen.

Die Angst niederkämpfen.

Keinen einzigen Schluck mehr trinken.

Reisefähigkeit und Fahrtüchtigkeit wiedererlangen. Morgen wird er den Befreiungsschlag wagen, morgen gilt es. Vielleicht findet sich unter den Nachmietern jemand, der Verwendung für die Revox hat.

Er wird es schaffen.

Er wird nicht mit vollgepissten Hosen auf einem Plastikstuhl verrecken.

Vor lauter Glück und Erleichterung schießen ihm Tränen in die Augen.

Sicherheitshalber packt er schon mal.

DING DANG DONG.

Es ist, als hätte man ihm einen Elektroschock verpasst. *Wenn ich aufmache, bin ich verloren.*

Er kauert sich in den Sessel, macht sich so klein wie möglich. DING DANG DONG. Er zieht seinen Kopf ein. DING DANG DONG. Er verlangsamt seinen Atem. DING DANG DONG. Er schließt seine Augen, damit ihn niemand sehen kann. Vielleicht täuscht er sich auch, und da steht gar keiner vor der Tür. Man sollte nämlich nicht alles glauben, was man hört. Das meiste ist nur Luft, eine leichte Brise, die bläst. DING DANG DONG.

«MACH MA AUF JETZ ENNLICH, ICH WEISS, DASSU DA BIS.»

Breda haut mit der Faust gegen die Tür, tritt gegen die Tür, grölt und brüllt wie ein Irrer. Irre, wie viele Irre herumlaufen und keinen Ausweg aus ihrem Irrsinn finden. Roths Augen brennen vom Schweiß. Er spürt sein Herz in der Kehle schlagen. *Hat er mich doch glatt auf dem falschen Fuß erwischt*. Er gibt auf und öffnet die Tür.

«WIE SIEHST DU DENN AUS? WAS ISSEN DA ALLES SCHIEFGELAUFEN?»

Simone steht einen Schritt hinter Breda und lächelt hilflos.

«Jaja, weiß ich selber. Wo wart ihr denn die ganze Zeit?

Einfach so abhauen ist ja wohl auch nicht die feine englische Art.»

«Hä?», sagt Breda. Du bist doch nur ein kleiner Scheißer, sagt sein Blick.

«Wie *häh*?», fragt Roth.

Im Spinner hätten sie ihm doch gesteckt, dass sie zu Simones Mutter nach Oranienburg fahren, wegen der Zwangsversteigerung. Ob er sich wirklich nicht erinnern könne? Nein. Blackout wahrscheinlich. «Ach so», grinst Breda, «passiert mir auch ständig, kann jedem passieren.»

«Jetzt sind wir jedenfalls wieder da und haben Hunger. Kommst du mit ins Brimborium? Komma mit.»

«Nee, lieber zum Italiener.»

«Dann eben dahin.»

Den letzten Döner-Teller hat er gestern in der Mikrowelle warm gemacht und seitdem nichts mehr gegessen. Beim Italiener frisst er sich nun derart voll (Carbonara, Bolognese, Tiramisu), dass er fast am Tisch zusammenbricht. Seine Gedärme produzieren spülmaschinenartige Geräusche.

«Los, wir gehn noch in den Spinner.»

«Das schaff ich nicht. Mir geht's nicht gut.»

«Das sieht man. Issir schlecht?»

«So was in der Art.»

«Da hab ich was für dich. Wir gehen ersma zu mir.»

Breda vorweg, Simone läuft, die Hände in Pfötchenhaltung, wie geschubst hinterher. Roth bildet das Schlusslicht. Drei betrunkene Klumpen, die durch die Nacht taumeln. Als sie in Bredas Butze angekommen sind, kriegt Roth Iberogast und einen Teelöffel gereicht.

«Vierzig Tropfen. In einer halben Stunde bissu wieda aufm Dampfa.»

Als er aufwacht, hat sich Simone an ihn gekuschelt. Es riecht nach Aprikose. So weit ist es also gekommen.

«Du bist weggenickt und hast dann ganz friedlich geschlafen. Da wollten wir dich nicht aufwecken und haben dich ins Bett gebracht.»

Simones Augendeckel flattern, verlegen fummelt sie in ihren dicht am Kopf klebenden Haaren.

«Wie spät ist es?»

«Gleich zehn.»

«Wo ist Markus?»

«Im Büro, heute ist Bettenwechsel.»

STIMMT, HEUTE IST JA DER EINUNDDREISSIGSTE ACHTE!

«Ich geh dann mal rüber, Koffer packen.»

«Mach das. Kommst du denn nachher noch Tschüss sagen?»

«Klar.»

Es ist drückend warm, dabei scheint die Sonne gar nicht, das Licht kommt von irgendwo, herkunftslos. Während Roth seine Siebensachen zusammensucht, breitet sich in ihm eine dumpfe Traurigkeit aus. Es fühlt sich überhaupt nicht nach Aufbruch und Befreiung und neuen Ufern an, sondern wie der Tag nach einem großen Unglück, nach einer katastrophalen Niederlage. Heute Abend schon wird Niendorf der Vergangenheit angehören. Es wird eine Zeit brauchen, runterzukommen, zu vergessen, sich *geistig und seelisch auf den neuen Job einzustellen.* Jetzt gerade erscheint es ihm unvorstellbar, jeden Morgen wieder in ein Büro zu gehen, nahtlos da anzuknüpfen, wo er im Mai (oder irgendwann vor hundert Jahren) aufgehört hat. Allein der Gedanke an so etwas wie einen *geregelten Arbeitsalltag* lässt ihn vor Erschöpfung zusammensinken. Er legt sich aufs Bett und starrt in die Hitzeschlieren. Es riecht nach Schuhschrank, der lange nicht geöffnet wurde.

Nun ist doch nichts geworden aus der Schriftstellerlaufbahn. Sicher kein Verlust für die Menschheit, wenn einer wie er das Schreiben gleich wieder an den Nagel hängt. Die B 77 wird er Breda vermachen, der kann den Knüppel über eBay oder welche Plattform auch immer (Roth hat noch nie in seinem Leben einen gebrauchten Gegenstand verkauft) als *Liebhaberstück* verscherbeln. Bares für Rares. Er setzt sich auf den Balkon, ein letztes Mal den Ausblick auf sich wirken lassen. Zerfaserte Wolkenstreifen überziehen den Himmel, das Meer brennt in herzlosem Blau. Einsamkeit durchfließt ihn wie ein Strom. Daheim erwartet ihn nur eine weitere, noch dickere Schicht Einsamkeit. Wie soll es nur weitergehen? Er sieht in den Himmel hinauf, als hoffe er, dort eine in den Dunst geschriebene Antwort zu lesen. Aber der Himmel sagt ihm nur, dass es Zeit wird, die Heimfahrt anzutreten.

«Hallo, Markus, ich wollte langsam mal den Schlüssel abgeben.»

«Besser als den Löffel.»

«Weiß ich gar nicht so genau.»

«Pass mal auf erst mal, Dr. Roth, ich habe vielleicht ’ne gute Nachricht für dich.»

«Was für eine gute Nachricht denn? Und wieso *vielleicht*?»

«Kommt drauf an, ob du was draus machst. Jedenfalls haben deine Nachmieter abgesagt. Krank. Angeblich. Das Wochenende kannst du also noch bleiben. Mindestens. Ich hab für die Wohnung das ganze Jahr keine einzige Buchung mehr. Glaub auch nicht, dass da noch großartig was kommt. Erfahrungssache.»

Roths Herz hüpft vor Freude.

«Wirklich? Das Angebot nehme ich an. Darf ich dich zum Ausgleich heute Abend einladen? Simone natürlich auch.»

«Brimborium?»

«Nee, da geh ich nicht mehr hin. Schmeckt immer gleich, alles nach Maggi.» Als ob er wüsste, wie Maggi schmeckt. «Und das Personal ist immer so unfreundlich. Lass mal besser in den Spinner.»

Schwerer Fernfahrergeruch liegt in der Luft. Helmut hat das grelle Neonröhrenlicht durch senfgelbe, wärmflaschengemütliche Schummerbeleuchtung ersetzt. Wenn man nicht mehr damit rechnet, geschehen noch Zeichen und Wunder. Hardy, Frank, Mike und ein kleiner, dicker Mann mit knollenartigem, zermatschtem Kopf kauern um den Tresen wie ein Wurf Ferkel auf der Suche nach einer freien Zitze. Muttersau Helmut schenkt nach und nach und nach. Leben in Endlosschleife, wie das Wasser eines geschlossenen Springbrunnensystems.

Mike: «Ach guck mal an, wer da kommt. Mensch, Simone, bei deinem Anblick fangen meine Hormonglocken an zu bimmeln.»

RIESENGELÄCHTER.

Hardy: «Gleich gehen seine Gefühle mit ihm Gassi.»

RIESENGELÄCHTER.

Hardy: «Darf ich vorstellen: Mike – der notgeile Rosenkavalier.»

Mike: «Falsch: Sugardaddy – meine Währung ist Wichse.»

Das ist selbst Simone zu viel. Sie huscht zum Tisch, Deckung suchen, raus aus der Schusslinie.

Mike: «Ach, die feinen Herrschaften wollen nichts mit uns zu tun haben. Sitzen lieber mit dem Fremden zusammen.»

Helmut: «Ich hab dir schon mal erklärt, dass das kein Fremder ist. Mach keinen Ärger, Mike, ich sag's dir im Guten.»

Mike: «Okay, okay, du bist der Boss.»

Helmut: «Noch ist das so. (Ruft rüber) WIE IMMER, DREI GROSSE BIER UND DREI DOPPELTE CHANTRÉ?»

Roth: «GENAU.»

Hardy, Mike und Frank, auf Automatik gestellt, machen da weiter, wo sie aufgehört haben.

Mike (zu Frank): «Viertel vor Nesquik, Zeit zum Umrühren.»

Knollenkopf: «Machst du mir noch einen, Helmut? Ich geh inzwischen pissen.»

Frank (ihm hinterherrufend): «Nie höher pinkeln, als der Strahl Kraft hat.»

Hardy: «TARAA.»

Mike: «Das musst grad du sagen, mit deinem Tropfglied, Frank. Besorg dir erst mal 'nen neuen Urindämpfer, bevor du die Leute hier ansprichst.»

Hardy: «TARAA.»

Mike: «Das Leben kann man nicht bescheißen, das haben schon ganz andere probiert.»

Frank: «Aber ich hab –»

Mike: «Halt dein Maul. Mit dir rede ich gar nicht. Ich rede nur noch mit Menschen, die da sind, wo ich hinwill.»

«Das meiste, was uns nicht umbringt, bringt uns später um, nä, Markus?» Vergeblich versucht Simone, ihren Lebensgefährten aufzuheitern. Breda gibt einen Laut von sich, als bliese er in eine leere Flasche. Sein Gesicht ist ausdruckslos, die Arme hängen schlaff herunter, als wären sie aus Wachs. Entrückt, fahl, eingeäschert. Der nächste Schlaganfall? Schon auf dem Weg war er so stumm und tranig gewesen. Er dreht eine Zigarette nach der anderen, ständig bleibt Zigarettenpapier an seiner Lippe kleben. Als Roth versehentlich seine Hand berührt, zuckt Breda zusammen, als hätte ihn etwas gestochen.

«Stimmt was nicht?»

«Doch, doch.»

Helmut, heute mal nur auf Strümpfen: «Alles klar bei euch? Braucht ihr noch was zu trinken? Mensch, Markus, was ist denn los mit dir? Machst hier einen auf Nähmaschine.»

«Was?»

«Deine Beine.»

Es stimmt. Bredas Beine haben ein Eigenleben entwickelt, sie zittern und schlottern und vibrieren wie verrückt. Nähmaschine nennt man das also, denkt Roth, gutes Bild.

Simone: «Ich glaub, wir hauen ab. Machst du die Rechnung fertig?»

Helmut: «Gib mir vierzig.»

Roth legt einen Fünfziger auf den Tisch. «Passt.»

«Die Firma dankt. Also dann, links schauen, rechts schauen, wiederschauen.»

Am Nachmittag ruft Simone an, sie klingt aufgelöst. Markus sei in schlechter Verfassung, ob er rüberkommen könne.

Breda hängt in seltsam verdrehter Haltung auf dem Sofa, seine Haut hat die Farbe von fauligem Obst angenommen. Das sieht nicht gut aus, das sieht gar nicht gut aus, denkt Roth, der Mann ist ja völlig fertig.

«Du musst mal einen Gang zurückschalten, Markus.»

Einen ist gut.

«Sag ich ihm schon die ganze Zeit. Aber er hört ja nicht.»

«Mensch, Markus, wir brauchen dich noch.»

«Ich komm schon wieda auf die Beine, ich bin immer wieda auf die Beine gekommen.»

«Ich geh mal Abendbrot machen.»

Simone verschwindet in der Küche. Roth geht vor Breda in die Hocke.

«Pass auf, Markus, ich hab eine Idee. Wie wäre es, wenn

ich die Woche noch bleibe. Ich übernehme deine Arbeit, bis du wieder auf dem Posten bist.»

Breda schaut ihn mit erloschenen Augen an. «Nee, das kann ich nich annehmen.»

«Natürlich kannst du. Ich hab sowieso nichts weiter vor, und die Saison ist so gut wie gelaufen, da ist nicht mehr viel los, das schaffe ich schon. Schlaf dich mal richtig aus. Und rauch nicht so viel.»

«Wenn du meinst. Na gut. Danke jedenfalls.»

Viel zu tun hat er tatsächlich nicht. Roth sitzt seine Stunden ab, eine im Kabuff, drei im Depot, Strandkörbe gibt es auch nur noch wenige zu drehen. Pünktlich um sieben empfängt ihn Simone zum Abendbrot. So eine liebe Frau, denkt Roth, die hat was Besseres verdient. Immerhin lässt Breda sie nun machen. Nach nur wenigen Tagen ist die Wohnung nicht wiederzuerkennen. Simone ist am Putzen, Scheuern, Feudeln, Wischen, Waschen, Aufräumen und Wegschmeißen, mit ihren flinken Bewegungen sieht ihr Körper nicht mehr plump und unförmig, sondern richtiggehend geschmeidig aus, wie ein Tier, das sich daranmacht, sein Nest zu bauen. Roth hilft, wo er kann. Wir sind ein richtiges *Team*, denkt er. Breda ist zu schwach, um zu protestieren, er hat genug mit sich selbst zu tun. Meist liegt er auf dem Sofa, der Körper seltsam verkrampft, mit einwärts gedrehten Füßen, die Beine sind an mehreren Stellen blutig gekratzt. Seine Schläfenadern dick wie Regenwürmer, in den Mundwinkeln weiße Speicheltropfen. Ein nässender Fleck, beschränkt auf Leid und Notdurft.

«Ich kann's nur immer wieder sagen: Willst du nicht langsam mal zum Arzt, Markus?»

«Ach was. Was ich brauch, ist frische Luft. Lass uns Sonnach 'nen Ausflug nach Travemünde machn.»

«Aber schaffst du das denn?»

«Logisch schaff ich das.»

«Ickbaumalkleipaue.»

Vollkommen erschöpft stützt sich Breda bei Roth auf, gebeugt wie ein Zweig im Wind.

«Wir sind ja gleich da, Markus.»

Auch Simone ist die Anstrengung ins Gesicht geschrieben. Schweiß steht in öligen Tropfen auf ihrer Stirn, Schweiß ist in dunklen Flecken und spitzen Halbmonden durch den Stoff ihres schwarzen, ballonartigen Jumpsuits gesickert. Als sie die Promenade erreicht haben, lassen sie sich auf die erste freie Bank fallen. Roth organisiert am nahe gelegenen Kiosk Sekt, Wein und fertige Cola-Rum- und Gin-Tonic-Mischen. Der Alkohol lässt Breda kurz aufleben, er erzählt von früher, seiner Kindheit und Jugend in Recklinghausen, wie er seine Großeltern mal beim Sex ertappt hat. Oma, nur noch Haut und Knochen, wie sie mit baumelnden Brüsten auf Opa saß und versuchte, das achtelsteife Ding in sich reinzubekommen, haha. Sein Lachen ist ein nahezu lautloses Keuchen. Breda redet weiter, labert eine Scheiße nach der anderen, und Roth schaltet auf Durchzug. Ein Trupp Arbeiter stutzt die die Promenade säumenden Bäume. Roth stellt sich vor, wie die Bäume, die gefällt werden, die Blumen, die geschnitten werden, die Gräser, die gefressen werden, vor Schmerzen schreien. Ist er der Einzige, der solche Gedanken hat?

«Dann issasaus, dann ist EDEKA.» Blökt und bölkt und sprötzelt Breda.

Was das heißen soll, will Simone wissen.

«Weiß sie nich, *hicks*, was Edeka heißt, *hicks*, haha. Ende der *hicks* Karriere.»

Die Worte sind vom Schluckauf zerstückelt, er ist kaum noch zu verstehen.

«Ach so.»

«Genau.»

Breda fällt nichts weiter ein. Wie es bei Säufern so ist, hat der Höhenflug nicht lange gehalten, man kann direkt zusehen, wie die Luft in Luftgeschwindigkeit aus ihm entweicht.

«Ich schaff den ganzen Weg zu Fuß nach Hause nicht.»

«Ist doch nicht schlimm, Markus, nehmen wir ein Taxi.»

«Neenee, wir machn das anders: Ich spendier uns ein Zimmer im Maritim. Da wollt ich schon imma ma pennen, und von ganz oben aufs Meer runtaguckn. Kanns ja ersma mitkommen.»

Apocalypse Now Sie beziehen ein Doppelzimmer im neunundzwanzigsten Stock. Mit letzter Kraft schält sich Breda aus den Klamotten, und der Anblick ist fürchterlich. Der Leib ein schuppenflechtiges Fleisch, weiß wie Schnee und wabbelig wie Eierlikör, die schlaffe Haut hängt an seinen Knochen, als wäre sie angenäht. Er legt sich auf die rechte Seite des Kingsize-Betts und ist in weniger als einer Minute eingeschlafen. Roth und Simone bedienen sich aus der Minibar, setzen sich nebeneinander aufs Sofa und schauen in die gähnende schwarze Leere der sich in die Unendlichkeit weitenden Ostsee. Als Simone sich an ihn kuschelt, lässt er es zu.

Nachdem die Minibar ausgesoffen ist (Dreiviertelstunde), legen sie sich in Unterwäsche zu Breda, Simone in die Mitte, Roth auf die linke Seite; er ist zu angeschlagen, um jetzt noch den Weg nach Niendorf in Angriff zu nehmen. Breda rasselt und schnorchelt und röchelt vor sich hin. Wie um Himmels willen soll man bei einer solchen Geräuschkulisse Schlaf finden? An der Decke blinkt ein Rauchdetektor wie ein rotes Auge in der Dunkelheit.

Plötzlich spürt er etwas, knapp oberhalb des rechten Knies, eine hauchzarte Berührung, wie ein unterirdischer Windhauch. Simones kleiner Finger (es muss der kleine Finger sein) bewegt sich ganz sachte auf und ab. *Gott ach Gott, was ist denn nun los? Das ist ja völlig verrückt.* Aus dem kleinen Finger werden zwei Finger, dann drei, dann vier, bis am Vorgang schließlich die ganze Hand beteiligt ist. *Streichelt sie mich jetzt wirklich, oder schlafe ich, und dies hier ist nur eine psychedelische Vermischung von Traum und Wirklichkeit?*

Von wegen Traum. Die Hand tastet sich entlang der Vorderseite seines Oberschenkels Nanometer für Mikrometer für Millimeter für Zentimeter empor, bis die Operation direkt unterhalb vom Eingemachten zum Erliegen kommt. Eine endlose, reglose Minute vergeht. *Ist sie wohl weggeratzt. Das Ganze lief wahrscheinlich unterbewusst ab, und jetzt ist es ihr peinlich.*

Von wegen peinlich. Der Gummizug seiner Unterhose bewegt sich. Wieder bildet der kleine Finger die Vorhut, mogelt sich zwischen Bein und Stoff, hebt und senkt sich, senkt und hebt sich, bevor er im warmen Doppelripp-Nest verschwindet. Nacheinander folgen Finger auf Finger auf Finger auf Daumen. *Einunddreißig, zweiunddreißig, dreiunddreißig* ... Sie nimmt das linke Ei zwischen Daumen und

Zeigefinger und rollt es behutsam hin und her. Dann rollt und schiebt und drückt sie das rechte Ei rauf und runter, schiebt es hoch bis unter die Bauchdecke und wieder zurück. Dann passiert erst mal gar nichts.

Im Kessel wird Wasser erhitzt, damit Dampf entsteht. Der Druck des Dampfes setzt den Kolben in Bewegung, der mit einem Antriebsrad verbunden ist. Die andauernde Hin-und-her-Bewegung des Kolbens treibt das Rad an.

Der BALG drückt die Hoden zusammen, lässt locker, drückt zu, lässt locker, drückt zu, lässt locker ... Pause. Pause. Pause. Obwohl der Sack randvoll und so prall ist, dass er kaum in ihr Händchen passt, stimuliert sie noch mit dem Mittelfinger seine Prostata.

DAS MACHT SIE NICHT ZUM ERSTEN MAL.

Roths Schwanz ist bereits durch die Decke gestoßen und ragt weit über den fünfunddreißigsten Stock (Endetage) hinaus in den stummen und gleichgültigen Weltenraum.

«Komm», flüstert sie.

Er weiß nicht genau, was sie meint, und dreht seinen Kopf zu ihr. Sofort saugt sie sich wie ein geiler Fisch an seinen Lippen fest, stößt ihre Zunge so lange gegen seine Zähne, bis er den Mund öffnet, dann bohrt sich der Lappen in die Lücke und hebelt seinen Kiefer regelrecht aus. Die Zunge klöppelt mit rasender Geschwindigkeit in seinem Schlund, als wolle sie seinen Samen lösen und locken wie die Biene den Nektar.

Roth wird überrollt.

Roth wird sturmreif geklöppelt.

Roth ist fix und fertig.

Roth verliert die Beherrschung.

LOS JETZT, MACH DOCH ENDLICH. Als könne sie Gedanken lesen, nimmt sie die Glans zwischen Daumen und Zeigefinger und bewegt sie in winzigen, insektenleichten Bewegungen von minimaler Schwingungsbreite hin und her. *NEIN, NEIN, NEIN, NICHT SCHON WIEDER ZEITLUPE, MACH DOCH SCHNELLER.* Genau eben nicht. Zwar dreht sie kurz auf, aber das ist nur eine Finte, denn gleich nimmt sie das Tempo wieder raus, drosselt, wird l a n g s a m e r, noch l a n g s a m e r, immer l a n g s a m e r. Stotterbremse, Slo-mo, Super-slomo, Stillstand. Roth entweicht ein geflüstertes «Bitte».

«Willst du jetzt?»

«Ja, bitte.»

Darauf hat sie nur gewartet. Sie hat ihn vollständig in der Hand. Ihre Linke umschließt seinen Sack, die rechte den betonharten Schaft, dann dreht der Motor hoch: Vom Leerlauf direkt in den Fünften, erreicht Simone binnen weniger Augenblicke Nähmaschinenwarpgeschwindigkeit, die Knethand walkt die Eier, was das Zeug hält; all dies unter dem strengen Auge des Rauchmelders, angeheizt von einer Symphonie aus Schnarchen, Röcheln, Schnaufen, Pfeifen und Rasseln (Breda). APOCALYPSE NOW! Roth wirft seinen Kopf von der linken auf die rechte Seite, stöhnt und keucht und sabbert, ihm steht der Schweiß auf der Stirn, ihm läuft der Schweiß in die Arschritze, ihm kommt der Schweiß schon aus den Ohren. Er nimmt Simones rechte Titte in den Mund, er kann nicht anders.

Die Brust ist klein und erstaunlich fest, sie schmeckt nach Aprikose. Ihr Körper ist überraschend fest und straff. Jetzt bitte weiter, weiter, weiter; immer wieder, auf und nieder, auf und nieder, immer wieder.

«ARME IN DEN HIMMEL STRECKEN UND NACH OBEN SCHAUN. HEUTE IST EIN SCHÖNER TAG, DARAUF KANNST DU VERTRAUN.»

«WENN WIR UNS IM KREISE DREHEN, ALLE AUF DER STELL, JEDER FINDET SEINEN RHYTHMUS, LANGSAM ODER SCHNELL.»

Mach, mach, mach, bitte, bitte, bitte, JETZT, JETZT, JETZT. Und aus voller Umdrehung presst sie Sack und Schaft zusammen.

DIE ABSOLUTE SUPER-ENTSAFTUNG.

Es spritzt in alle Richtungen, es spritzt nach oben, es spritzt nach links, es spitzt nach rechts, es hört überhaupt nicht mehr auf. Simone küsst ihn auf den Mund.

«Komm, dreh dich mal auf die Seite.»

«Ja. Wieso?»

«Ich streichel dich, bis du eingeschlafen bist, mein Schatz.»

Mein Schatz, denkt er, jetzt ist es so weit. Ein Wahnsinn alles.

Statt Taxi nehmen sie den Bus. Breda macht, wie ein Karpfen, alle paar Sekunden den Mund tonlos auf und zu, die Speichelfäden zwischen seinen Lippen werden kürzer und wieder länger. Über Nacht haben sich die geborstenen Äderchen auf seiner Nase in stumpfe, rote Flecken verwandelt. Er knabbert an seinem Daumen, lutscht ein Stück verhornter Haut weich. Als sie an der Haltestelle *Niendorf Forstweg* aussteigen, beißt er es ab.

«Bis morgen», sagt Roth, mehr zu Simone als zu Breda.

«Ja, bis morgen. Um sieben zum Abendbrot, wie immer? Erhol dich ein bisschen.»

Am Nachmittag sitzt Roth auf dem Balkon und genehmigt sich eine Cola Rum, *extra stronge* Mische, halb und halb. Auf der windstillen, spiegelglatten Ostsee kräuseln sich winzig kleine Wellen. Nächste Fifty-fifty-Mische. Er macht das Glas so voll, dass sich die Flüssigkeit durch die Oberflächenspannung nach oben wölbt und überläuft, als er mit dem Knie versehentlich die Tischplatte berührt.

19 Uhr, Abendbrotzeit.

«Hallo, Markus.»

«GUTEN TAG.»

Breda wirkt orientierungslos, seine wässrigen Augen sind starr vor Schreck. *Erkennt er mich überhaupt?* Direkt nach dem Abendbrot schläft er auf dem Sofa ein.

«So, Markus», sagt Simone und rüttelt ihn sacht, «jetzt geht's ins Bett. Komm, wir ziehen uns jetzt aus. Hilf mir mal und mach die Arme hoch.»

Breda kann seine Arme kaum bis auf Schulterhöhe heben. Es kracht und knirscht, als würden Walnüsse geknackt, als sie ihm das riesige Nachthemd überstülpen. Nachdem sie ihn mit vereinten Kräften ins Bett gewuchtet haben, geht Roth mit Simone in sein Apartment, wo sie reden und fernsehen und sie ihm später einen runterholt und danach in den Schlaf streichelt.

Das wird nun ihr Abendprogramm, darauf ist Verlass, schön, wenn auf etwas Verlass ist. Geht das jetzt so weiter bis ans Ende aller Zeiten? Es muss etwas geschehen, denkt Roth nach einer Woche, eine Entscheidung muss her.

Am nächsten Tag stürzt Breda auf dem Weg zur Toilette und bricht sich Hüfte und rechten Oberschenkelhals. Ich hab's gewusst, denkt Roth, vom ersten Tag an hab ich gewusst, dass es mal so kommt. Wenn *er* hinfiele, würde er einfach wieder aufstehen, bei jemandem wie Breda ist es ein Todesurteil.

Nach drei Tagen Intensivstation wird Breda in die Normalabteilung der Curschmann-Klinik verlegt. Man hat ihm seine Prothese weggenommen, damit er sie nicht versehentlich verschluckt oder im Fall einer Ohnmacht daran erstickt. Roth wusste gar nicht, dass Breda ein Gebiss hat. Der Mund des Kranken ist eingefallen, das Gesicht fahl und spitznasig wie das eines Seepferdchens, so liegt er da, still und mit geschlossenen Augen.

Ein Tag gegen Ende September, duftend und rund wie ein Apfel. Noch eine Woche bis zum Arbeitsantritt. Undenkbar. Ausgeschlossen. Er kann Simone unmöglich allein lassen. In dieser Situation allein lassen. Mit dem todgeweihten Breda. Er sieht sich nicht in der Lage, in einer Woche, in einem Monat, in einem Jahr in irgendeinem Büro irgendeine Arbeit wiederaufzunehmen. Seine Vergangenheit ist so weit entfernt, dass sie wirkt wie gelbstichige, alte Fotos.

Er formuliert ein Entlassungsgesuch aus *gesundheitlichen (Nierenleiden) wie aus persönlichen Gründen.* Seine Kündigung wird ohne Wenn und Aber akzeptiert. Dann beauftragt er einen Makler mit dem Verkauf des Hauses. In einer E-Mail schildert er Stefanie seine Lage, seine neue, gänzlich veränderte Lage. Er bittet sie, gegen einmalige Zahlung von 200 000 Euro auf sämtliche Unterhaltszahlungen zu verzichten. Sollte sie nicht einverstanden sein, müsse man den Rechtsweg beschreiten. Stefanie willigt ein. *Wahrscheinlich hat sie Schiss, dass ich vorbeikomm und ihr noch eine verpass.* Das Haus wechselt für 1,1 Millionen Euro den Besitzer, abzgl. Kredit und Abfindung bleiben Roth eine knappe halbe Million. Vom Erlös übernimmt er die zum Verkauf stehende *Strandkorbvermietung Dieter Janischewski* (Abschnitt 49) und mietet eine Drei-Zimmer-Wohnung im Brookredder.

Am ersten Weihnachtsfeiertag haben Simone und er zum ersten Mal *richtigen* Sex. Es ist *noch mal* ganz anders als gedacht. Sie ist vor allem VON ALLEM SEHR VIEL. Eine neue Erfahrung. Aber wenn man sich von der bloßen Masse nicht einschüchtern lässt, bedeutet es auch eine VerVIELfachung des Genusses. *Acquired taste* nennt der Engländer das, etwas für Kenner.

Breda wird in den *Annegret Rowohl Timmendorfer Wohnstift* verbracht, wo Simone und Roth ihn jeden zweiten Tag besuchen. Wie in allen Pflegeheimen herrscht eine unwirkliche und niederdrückende Atmosphäre. Jedes Mal, wenn sie sein Zimmer betreten, gibt Breda einen erschrockenen Laut von sich, wie der Schrei eines Vogels, dessen Nest geräubert wird. Er scheint nur noch aus Händen und dem Kopf zu bestehen, sein zusammengeschrumpftes Gesicht wirkt wie das schwarze Oval einer Fechtmaske.

Simone wischt ihm den Schweiß von der Stirn und den Speichel aus den Mundwinkeln, sie hält seine fast durchsichtige Hand und redet leise auf ihn ein, Breda antwortet mit unverständlichen Echolauten.

Er stirbt am 14. Januar. Drei Tage später wird er auf dem Friedhof Niendorf in der Hävener Allee beigesetzt.

Die Wintermonate nutzen Simone und Roth, um das Likördepot auf Vordermann zu bringen. Das Kabuff ist noch im November der Gentrifizierung zum Opfer gefallen; auf dem Grundstück sollen Eigentumswohnungen und Penthouses (51 bis 158 m²) plus zwei Gewerbeeinheiten im EG entstehen. Simone bewirbt sich erfolgreich auf eine Stelle als Servicekraft im Bistro des SEA LIFE Timmendorfer Strand.

Bei gutem Wetter unternehmen sie Ausflüge nach Scharbeutz, Haffkrug, Fehmarn. Wenn sie übers Brodtener Ufer nach Travemünde spazieren, verschmelzen sie mit den Grau- und Brauntönen des Winters.

Zitatnachweise

S. 77: Helmut Böttiger, Die Gruppe 47. Als die deutsche Literatur Geschichte schrieb, München 2012.
S. 89: Das rote Pferd. Text: Ernst Bader.
S. 165: Geboren, um zu leben. Text: Henning Verlage, Der Graf.
S. 202: Thomas Mann, Der Zauberberg, Frankfurt am Main 1991.
S. 206 f.: Ingeborg Bachmann, Paul Celan: Herzzeit. Der Briefwechsel. Frankfurt am Main 2009.
S. 215: Ibiza. Text: Eddy Ravens, Frank Joseph Myers.
S. 235: Auf und nieder. Text: Stephen Janetzko.